本书由 2020 年山西省哲学社会科学规划课题（2020YG123）、2019 年太原科技大学博士（后）科研启动基金项目（W20192004）资助出版

Resources and Village Transformation:

the Evolution of a Resource-Based Village in North China(1986-2020)

资源与村庄转型

——一个华北资源型村庄的嬗变（1986—2020）

郭治谦 著

中央民族大学出版社
China Minzu University Press

图书在版编目（CIP）数据

资源与村庄转型：一个华北资源型村庄的嬗变（1986—2020）/ 郭治谦著 . —北京：中央民族大学出版社，2022.6

ISBN 978-7-5660-2028-4

Ⅰ . ①资… Ⅱ . ①郭… Ⅲ . ①农村经济—转型经济—研究—中国 Ⅳ . ① F326

中国版本图书馆 CIP 数据核字（2022）第 010516 号

资源与村庄转型——一个华北资源型村庄的嬗变（1986—2020）

著　　者　郭治谦

责任编辑　杨爱新

封面设计　舒刚卫

出版发行　中央民族大学出版社

北京市海淀区中关村南大街 27 号　　邮编：100081

电话：（010）68472815（发行部）　传真：（010）68933757（发行部）

（010）68932218（总编室）　（010）68932447（办公室）

经 销 者　全国各地新华书店

印 刷 厂　北京鑫宇图源印刷科技有限公司

开　　本　787 x 1092　1/16　印张：13.75

字　　数　180 千字

版　　次　2022 年 6 月第 1 版　2022 年 6 月第 1 次印刷

书　　号　ISBN 978-7-5660-2028-4

定　　价　68.00 元

目　录

第一章　导论

第一节　问题缘起与研究意义

一、问题缘起

自1978年农村家庭联产承包责任制开始，一场“农村包围城市”的改革拉开了帷幕，“工业化”“现代化”“市场化”“城镇化”等语词或相继或并排“嵌入”中国社会，以“深植”的方式走进“国家—地方”“政府—社会”的日常生活实践。传统与现代、农村与城市、农业与工业、计划与市场以结对形式建构着近四十年中国改革、变迁、发展之路，“巨变”很好地诠释了这场实践的当下结果，“转型”则表征了转变的动态性和过程的持续性特征。

作为中国转型的重要场域，乡村因“乡土中国”之特性而“自然而然”位居转型起点位置，“较之工业的高速发展，农业的缓慢发展可以给人一种安全稳定、千年平衡的印象。与工业的狂热相对照，农民的明哲适度似乎是永恒的：城市和工业吸引着所有的能量，但乡村始终哺育着恬静美满、安全永恒的田园牧歌式梦幻”。[①] 然而，“肇始于我国农村的社会主义经济体制改革引起了一系列结构性的震荡，乡村的社会结构、农业的生产结构、农民

---

① [法]H. 孟德拉斯：《农民的终结》，李培林译，北京：中国社会科学出版社，1991年，第4页。

的职业群体结构相继发生了极为深刻的变化，以往的永恒被这场变革所打破”[①]。乡村被不同程度地卷入由工业化、市场化、城市化、全球化“共谋”的“化”学之路。“站在工业文明入口处”的中国农村历经三十多年变革，“从根本上说是实现了从传统农业国向转型中国家的跨越，并将继续迈向城市化国家”[②]。

在这场轰轰烈烈的变迁实践中，总体趋势和众数特征并不能涵盖所有农村，因为“中国幅员辽阔，二元社会的特征比较明显，地区间差异很大。与城市相比，农村地区间差异更大”[③]。不同区域如东部、中部、西部因自然禀赋、环境要素、外界影响差异而存在转型速度、广度、深度等方面的不同，在同一区域内部的农村也因文化习惯、生计习俗、民间信仰等区别而导致变迁转型差异。笔者多次深入煤炭资源大省——山西进行农村调研，发现“煤炭”“铁矿”“铝矿”等资源性名词频繁出现在人们日常沟通交流中，与之相匹配的如“下”“挖”“卖”“拉”[④]等动词出现频率也很高。这些“地方性知识”一方面指涉了当地百姓的生活世界，表征了他们以资源为核心的生计发展之道；另一方面彰显了这一地区不同于中国其他区域的转型之路。“温州模式”“珠三角模式”“苏南模式”等城镇化模式几乎没有出现在这些资源型村庄，“晋商”“走西口”的开拓进取精神似乎“消失”了，村民更愿意守在家里，以资源为生[或在煤炭、铝矿（厂）等企业上班或开办矿产

① 周怡：《当代中国乡村社会的代文化特征——一份来自昆山周庄与北京“浙江村”的调查报告》，贾德裕、朱兴农、郗同福主编：《现代化进程中的中国农民》，南京：南京大学出版社，1998年，第374页。

② 毛丹：《村庄大转型：浙江乡村社会的发育》，杭州：浙江大学出版社，2008年，第6页。

③ 郑杭生：《当代中国农村社会转型的实证研究》，北京：中国人民大学出版社，1996年，第346页。

④ “下”通常与“煤窑”组词表达在地下进行挖煤作业，“挖”“拉”“卖”通常与“矿”组词表达与矿产相关的生产、运输及销售过程。

型小企业]，除非被斩断资源依赖的路才会走出去。这种生计“发展”方式从20世纪80年代中后期一直持续到21世纪的前十年，甚至是在2016年的时候，有些偏远山区依然在“矿荫下”①过活。如果说南街村、华西村等代表了自村庄内部崛起乡镇企业而引发村庄转型的典型，那么这些资源型村庄则提供了另一份村庄转型的生动注释。三十多年的变迁，村庄以矿产资源为媒介建构的生计发展逻辑已经深刻地烙印在村庄社会、经济、文化、治理等各个方面，并深深嵌入村民集体潜意识中，对乡村振兴战略下村庄再转型实践也会产生一定影响。

因此，本研究关注的主要问题是：作为“生计方式中至关重要的基础性核心要素”②的矿产资源是如何引发村庄变迁的？资源在村庄转型中充当了什么角色？除却国家、资本、市场要素等村庄外部条件影响，村庄内部是如何围绕资源进行主体性叙事的？村庄传统“靠山吃山、靠水吃水”的生存逻辑如何与市场化、工业化、现代化杂糅交错共同推进村庄转型？在转型过程中，村庄的应对策略是什么？本研究试图通过深描一个典型资源型村庄——窑村③，对以上问题进行分析阐释。

二、研究意义

“无论出于什么原因，中国乡土社区的单位是村落，从三家村起可以到几千户的大村。”④村庄是“乡土中国”传统型的重要载体，是乡村变迁的起

---

① “矿荫下”的表述是挪用了许烺光“祖荫下”的概念，意思是矿产成为人们生活中类似于祖先庇佑的存在，即便受了外在政治、市场、经济等的影响，但改变不大。对当地人来讲，不仅是一种物质存在，更多是一种生存需要，随时间累积被纳入当地人的集体潜意识。

② 陈庆德、潘春梅、郑宇：《经济人类学》，北京：人民出版社，2012年，第161页。

③ 按照学术惯例，本书实地调查部分涉及的人名与地名均取用化名。

④ 费孝通：《乡土中国》，北京：北京大学出版社，2012年，第12页。

点，正如杜靖所言："对于汉人社会研究，乃至整个中国经验研究而言，'村庄'是一个非常重要的分析架构。"① 毛丹从另一个角度认为："农村，首先是指村庄。所谓农村，它所指涉的人口、土地、组织与文化，在中国首先是与村庄单元联系在一起的，即：农民大部分还被组织在村庄之中；农业主要发生在村庄所属的土地上；村庄的文化对于农村人口最具有可分享性和纽带作用。因此，在一般意义上说，农村、农业、农民的变迁，首先会表现为村庄的变迁，不清楚村庄的问题与前景等于不清楚'三农问题'及其前景。"② 概言之，作为研究单位的"村庄"在今天依然具有实践和研究价值，马林诺夫斯基"通过熟悉一个小村落的生活，我们犹如在显微镜下看到了整个中国的缩影"③ 的认知在转型期中国依旧具有解释力。

问题的关键是，"关于农村改革与变迁的讨论，在视角上显然较为忽视村庄转型——近十几年来关于村庄问题的研究则明显集中于村民自治、村庄治理的特定领域"④。毛丹从村庄外部关系转型，包括村庄与市场、村庄与国家、村庄与大社会三个关系维度来讨论中国农村30年的变迁与转型，把农村的转型首先集中理解为村庄的转型，但他自己也承认忽略了村庄内部形态的发生学诠释。其一，本研究尝试继续以村庄转型作为研究视角，通过"深描"全景式呈现村庄转型的内部逻辑，以期在理论层面与毛丹教授的论述形成补充。其二，现有研究中的"转型"更多是在背景层面或静态意义上使用的，如"转型社会""转型农村""转型中国"等，缺乏转型的动态含义（即便有，也是基于当下问题"如何转型"的"再转型"论题）；本研究

① 杜靖：《作为概念的村庄与村庄的概念——汉人村庄研究述评》，《民族研究》2011年第2期。

② 毛丹：《村庄大转型：浙江乡村社会的发育》，杭州：浙江大学出版社，2008年，第6页。

③ 费孝通：《江村经济》，北京：北京大学出版社，2012年，第6页。

④ 毛丹：《村庄大转型：浙江乡村社会的发育》，杭州：浙江大学出版社，2008年，第6页。

将“转型”视为过程，是转型主体不断进行自我实践、内外交互碰撞的变迁演进的动态进路，试图将村庄从客体位拉回到主体位，即凸显村庄主体性叙事功能。其三，现有对于村庄变迁的研究更多从经济、政治、文化等层面展开，分析框架以国家—社会、文化—权力、市场—资本等为主，缺少对村庄内部动力机制的关注，特别是缺少对农村“靠山吃山、靠水吃水”的生存逻辑以及由此引发的系列性“变通”应对策略如何达成与工业化、市场化、城镇化逻辑互嵌的考量。本书尝试通过对典型资源型村庄转型的过程性、地域性的分析，厘清以自然资源为“媒介”禀赋的村庄如何实现转型变迁，在乡村振兴战略下其累积效应又是如何推动村庄实现再转型的。

党的十九大报告中提出实施乡村振兴战略。2017年12月28—29日，中央农村工作会议进一步明确提出，实施乡村振兴战略的目标任务是，到2020年，乡村振兴取得重要进展，制度框架和政策体系基本形成；到2035年，乡村振兴取得决定性进展，农业农村现代化基本实现；到2050年，乡村全面振兴，农业强、农村美、农民富全面实现。对资源型村庄过去三十多年转型过程的梳理和学术反思，一方面有助于明晰乡村振兴的物理基点，明确乡村振兴的逻辑起点，进而在实施乡村振兴战略中规避可能出现的“千村一面”的战略实践和战略规划，为乡村真正实现振兴提供一定的案例文本和逻辑启发；另一方面，中国过去三十多年的改革更多是“资源”（自然资源、矿产资源、环境资源等）掠夺式的发展，特别是很多资源型地区经过时间沉淀，陷入了“资源诅咒”和有增长无发展的“内卷化”困境。因此，对资源型村庄的学术研究，在呈现该地区底层转型实践的基础上，将有助于当地政府或同类型资源型地区吸纳经验教训，为今后城乡治理、城乡融合、乡村振兴提供一些现实层面的参考。

第二节　文献综述

村庄是转型的空间，亦是转型的主体，更是内嵌于中国大社会的“小社会”，因此阐释村庄转型以及资源与村庄转型的关联务必先要对社会转型进行梳理。同时，基于本书研究主题，村庄转型、资源型村庄转型也是文献梳理的主要方面。

一、社会转型相关研究

（一）国外社会理论中的社会转型研究

国外关于社会转型的研究，始终围绕“传统与现代”的二元逻辑展开，“传统”回答的是“从哪里转”的问题，“现代”回答的是“转向哪里”的问题，所谓“转型”指的是一种朝向现代化、工业化的发展转变道路，与“现代化”同义。正如德国社会学家查普夫所言：“西方社会向现代世界的发展一直都是经典社会学的中心课题：现代性是工业革命和政治革命的结果，是新制度和新价值观念的化身，同时它又是无穷变迁的一个新阶段。”[①] 可以说，围绕现代性的研究同时也是“朝向现代性”的转型研究。

早在19世纪，社会学创始人孔德就提出“社会进化论”思想，意在用生物进化论理念研究社会进步、变迁以及转型的机制、进程。他将人类社会

① [德]沃尔夫冈·查普夫：《现代化与社会转型》，陆宏成、陈黎译，北京：社会科学文献出版社，1998年，第63页。

变迁与进步的历史进程分为三个阶段：军事阶段、过渡阶段、工业阶段，分别代表了社会进化的不同层次。英国社会学家斯宾塞也是社会进化论的积极提倡者，他把人类社会分为军事社会和工业社会两大类型，并提出人类社会有机体的变迁是从同质性社会向异质性社会“持续地、没有倒退地和不间断地、直线地运行、转化的过程”①。德国社会学家滕尼斯“用二分法的概念，从人类结合的现实中，抽象地概括出这两种社会类型：共同体与社会”②。他认为，“历史的发展方向是从共同体一步一步迈向社会的，从原始的（简单的、家庭的）共产主义中产生的，建立在此基础上的（村庄的—城市的）个人主义，走向独立的（大城市的—普遍的）个人主义和由此确立的（国家和国际的）社会主义”③。法国社会学家涂尔干（迪尔凯姆）从社会分工和社会团结的角度，将社会类型分为“机械团结”和“有机团结”。“社会团结的惟一趋势只能是有机团结……这就是历史规律：起初机械团结还能够，或几乎能够独当一面，后来则逐渐失势了，有机团结渐渐跃升到了显著位置。”④德国社会学家韦伯则从社会行动和理解社会行动入手，以“理性化”概念为核心，把人的行为区分为四种类型：目的理性行动、价值理性行动、情感行动和传统行动，并提出了统治的三种“理想类型”：传统型统治、卡里斯马型统治和法理型统治。他认为，传统社会是受情感支配的非理性社会，现代社会是由理性支配的社会，正是宗教改革中的新教伦理精神对“理性”的“获取”引导欧洲社会从前现代社会进入现代社会。

此外，还有一些思想家进行社会类型划分，如梅约的“身份社会”和

---

① 侯钧生：《西方社会学理论教程》，天津：南开大学出版社，2001年，第32页。

② ［德］斐迪南·滕尼斯著：《共同体和社会》，林荣远译，北京：商务印书馆，1999年，第ii页。

③ 谢立中：《西方社会学名著提要》，南昌：江西人民出版社，2007，第84页。

④ [法]埃米尔·涂尔干：《社会分工论》，渠东译，北京：生活·读书·新知三联书店，2013年，第134～135页。

“契约社会”、托克维尔的贵族制和民主制、雷德菲尔德的乡民社会和市民社会、索罗金的亲密关系和契约关系、贝克尔的神圣社会和世俗社会等。虽然名称各异，但总体进路上却有共同之处，即前项是传统社会特征（初级的、落后的、需要变革的），后项是现代社会特征（高级的、先进的、需要朝向的），“而所谓‘现代化’实质上也就是从‘非现代社会’向‘现代社会’进步的制度变迁过程”①。

20世纪50年代，以斯梅尔塞、霍斯利兹、列维、宾德、英格尔斯、艾森斯塔德、麦克莱兰等学者为代表构建了现代化理论体系。“当时的任务是观察研究西方现代社会，看看哪些条件是资源性经济增长和民主的政治秩序所必需的，如何将这些条件借助发展政策转移到第三世界的国家中去。”②帕森斯的结构功能主义成为解释框架；发展（变迁或社会转型）被理解为容纳、价值普遍化、分化和地位提高的综合体；“社会进化通则”被理解为发明或接受某些制度和行为方式，“这些制度和行为方式能提高这个社会或社会构成的长期适应能力，使它们比其他的社会更成功，并因此被别人效仿”③。西方国家成为现代化模板，所谓社会转型被明确为非西方文化向西方文化的转型。发展中国家被想当然地界定为传统的、落后的一极，西方国家则是现代的、发达的另一极，发展是以西方国家为榜样的转型，“发展中国家要想实现传统向现代的转变，必须走一条以欧美发达国家为样板的现代化道路，西方化、欧洲化、工业化、城市化、理想化等成为现代化的同义语”④。在这样

① 雷龙乾：《马克思主义社会转型理论》，北京大学博士论文，2000年。

② ［德］沃尔夫冈·查普夫：《现代化与社会转型》，陆宏成、陈黎译，北京：社会科学文献出版社，1998年，第64页。

③ ［德］沃尔夫冈·查普夫：《现代化与社会转型》，陆宏成、陈黎译，北京：社会科学文献出版社，1998年，第65页。

④ 文军、王谦：《在反思中前行：西方发展社会学理论的新进展》，《江海学刊》2016年第1期。

的发展社会学现代性话语体系之下，西方发达国家和非西方不发达国家之间的关系被直接建构成为“现代性”与“现代性他者”之间的关系。

针对现代化理论的“西方中心主义”“趋同化”等弊端，以普雷维什、弗兰克、阿明、桑托斯等人为代表的学者提出依附理论的分析模式。他们认为，西方化或现代化过程正是非西方不发达国家被纳入不平等的世界政治经济体系的过程，它与不发达国家对西方发达国家的依附化过程是相辅相成的。地理空间上的“中心—边陲”关系、“核心化与依附化、发达与欠发达是同一过程的两个方面，它在造成‘中心’国家发达的同时，也造成了‘边陲’国家的欠发达”[①]。美国学者沃勒斯坦随后提出世界体系理论，将整个世界视为一个统一整体，“中心”“半边陲”“边陲”是其基本结构，而且体系是相互作用的、可以变动的，边陲国家可以通过结构位置流动而上升到半边陲甚至中心位置。发展或转型的主要任务就在于如何改变自身在结构体系中的位置。依附理论和世界体系理论站在拉美等不发达国家的立场上，以关系为切入口阐明了不发达国家落后的原因，但实际上并未脱离“传统—现代”的转型框架，西方发达国家依然是文明、现代的榜样，转型依旧是不发达传统拉美社会向发达西方现代社会的转变。

20世纪80年代中后期，资本主义与社会主义两种制度在世界范围内发生深刻变化：苏联解体以及匈牙利、波兰、罗马尼亚等东欧国家政治经济体制急剧转变。“转型”被“正式”纳入发展社会学分析框架，其考量的是“被称为‘后社会主义’或‘后共产主义’国家如何朝向西方资本主义的‘市场和民主’转型的过程”[②]。以伊亚尔、塞勒尼、汤斯利等为代表的布达佩斯学

① 张琢、马福云：《发展社会学》，北京：中国社会科学出版社，2011年，第85页。

② 文军、王谦：《从发展社会学到转型社会学：发展研究学科范式的新探索》，《江海学刊》2017年第1期。

派是转型理论（或新古典社会学[①]）的典型代表。他们通过对苏东社会巨变的探究，试图阐释中欧如何构建资本主义的故事。在《无须资本家打造资本主义》一书中，塞勒尼等通过后共产主义资本主义与经典资本主义的比较，提出中欧国家社会主义再分配经济向市场整合体系的转型是“历史上第一次在一个既没有私有产权制度，也没有私人所有者阶层的体制中发展出了资本主义”[②]。以中欧为出发点，根据前社会主义制度特性的差异，塞勒尼将转型国家分成三种类型：“自上而下地建设资本主义”的东欧模式（主要是俄罗斯）、“由外而内地建设资本主义”的中欧模式（主要是中欧国家，外国投资者特别是跨国公司扮演了重要角色）以及“自下而上地建设资本主义”的东亚模式（主要是中国，还包括越南）。

转型理论的提出，一方面极大地冲击了传统西方现代式发展模式，论证了“资本主义”并非“趋同全球化命题”所述的只有一种单一的、同质性的模式，也并非古典社会学所描绘的只有一种发展轨迹。相反，“前社会主义国家在从社会主义到资本主义的转型中呈现出不同的轨迹，在转型的时候，它们并没有趋向于一种资本主义的模式，在一些重要的方面它们是互不相同

① 不同于马克思、涂尔干、韦伯等人将现代性视为研究核心的“古典社会学”，新古典社会学以比较资本主义为视角，通过对“后共产主义资本主义”这一“资本主义家族新成员”的研究来探讨“资本主义或现代性的起源”。在塞勒尼等人看来，国家社会主义向市场经济的转型不同于封建主义向资本主义、资本主义向国家社会主义的转型，是一种资产阶级缺席下的转型，因此，资本主义实现路径多元化必然对传统理论发起挑战。参见：[哥伦比亚]伊亚尔，塞勒尼，汤斯利：《无须资本家打造资本主义》，吕鹏、吕佳龄 译，北京：社会科学文献出版社，2008年。

② 吕鹏：《“新古典社会学”的宏图与迷思 —— 以多元转型绩效比较为切口的批判性综述》，《社会学研究》2012年第2期。

的，甚至不同于被我们称为现代资本主义的体系”[①]。“复数资本主义”[②]的转型模式有其存在合理性。另一方面，塞勒尼等人的旨趣在于将转向市场经济的苏联、中欧和东亚的众多社会主义国家纳入朝向资本主义运动的理论框架之中，在勾勒“资本主义类型学”的同时，并未突破“传统—现代”的二元转型窠臼。他们的转型逻辑无非在“传统—现代”之间加入“国家社会主义”，建构了一种“传统—国家社会主义—现代”的三元转型模型，面向现代化或者说市场经济的现代化依旧是转型的方向。

此外，国外关于社会转型的研究，除了“宏观层面”的“路线演进”外，还有中观甚至微观层面的思考。实际上，社会转型最早是英国政治经济学家波兰尼提出的。他在研究19世纪到20世纪欧洲的社会、市场与国家的关系时发现，欧洲经历了市场嵌入社会、侵蚀社会以及社会“反向运动”等转变以及由这些转变引发的国际和国内关系问题（最大的问题是战争），由此将其概括为大转型理论。[③]波兰尼从社会机制、市场机制和制度机制变迁等角度考量社会转型，并将市场与社会的关系作为先在的讨论基础，深入分析了社会转型“嵌入”“脱嵌”概念，对我们深度理解社会转型过程具有启发意义。

---

① 郭于华：《转型社会学的新议程——孙立平“社会断裂三部曲”的社会学书评》，《社会学研究》2006年第6期。

② 在塞勒尼的术语体系中，“资本主义”并不是在意识形态意义上的用词，其更多指涉一种经济发展模式，代表具有市场特性的社会运行模式。这可能受益于波兰尼关于人类社会经济体制三类型（馈赠经济——传统的自然经济、市场经济和再分配经济）的论述，西方发达国家的现代性是以市场经济为标志的现代性，而社会主义国家的转型或现代性则是从再分配经济（国家权力影响极深）到市场经济的转变。“复数资本主义”意指20世纪80年代后期苏东、中欧、东亚等地区转型路径的多样化。

③ 参见卡尔·波兰尼：《大转型：我们时代的政治与经济起源》，冯钢、刘阳译，北京：当代世界出版社，2020年。包刚升：《反思波兰尼〈大转型〉的九个命题》，《浙江社会科学》2014年第6期。林南、严飞：《从波兰尼的大转型说起》，《清华社会学评论》2021年第1期。

（二）国内社会转型相关研究

国内关于社会转型的研究主要围绕改革开放以来中国发生的巨变展开。20世纪90年代初期，经济体制改革效果显现，经济、政治、文化、社会等各个方面都发生了不同以往的深刻变迁，中国进入“转型社会”。“转型社会”作为综合表述20世纪80年代以来中国社会转变的话语，引导了学界和政策研究部门的研究取向和社会舆论。

郑杭生教授最早提出“转型中的中国社会”“转型社会”“社会转型”等概念。他认为社会转型“意指社会从传统型向现代型的转变，或者说由传统社会向现代型社会转型的过程。是从农业的、乡村的、封闭的半封闭的传统社会，向工业的、城镇的、开放的现代型社会的转型”①。他用“社会转型度”和“社会转型势”两个概念对社会转型进行分析。“社会转型度是从一国或地区、社会或社区的时间关系上考察其社会转型的程度的综合量化指标”②，包括速度、广度、深度、难度和向度五个次级概念。当前我国社会转型速度大大加快、广度空前未有、深度史无前例、强度前所未遇、向度十分明确。“社会转型势是分析一个国家或地区、一个社会或社区转型能力、转型态势、转型趋势不平衡的概念工具”③，包括优势级、中势级、劣势级三级。他认为中国可以区分为三个转型地区：东部地区是转型强势地区，中部是转型中势地区，西部则是转型弱势地区。中国社会转型的过程，就是各个地区不断改善、增强和提升自己的强势因素，不断缩小、减弱和清除弱势和中势因素的过程 。

---

① 郑杭生：《社会转型论及其在中国的表现 —— 中国特色社会学理论探索的梳理和回顾之二》，《广西民族学院学报》（哲学社会科学版）2003年第5期。

② 郑杭生：《当代中国农村社会转型的实证研究》，北京：中国人民大学出版社，1996年，第5页。

③ 郑杭生：《社会转型论及其在中国的表现》，《广西民族学院学报》（哲学社会科学版）2003年第5期。

与郑杭生教授的观点相似，多数学者都将社会转型视为从传统到现代的转变。比如，陆学艺、景天魁认为，社会转型指中国社会从传统社会向现代社会、从农业社会向工业社会、从封闭性社会向开放性社会的社会变迁和发展，是在传统与现代（性）的张力作用下实现的社会变迁与发展，是从中国的“传统社会结构”向“现代社会结构”的转换；[①] 刘祖云将社会转型视为一种特定的社会发展过程，包括三个方面：一是社会从传统型向现代型转变的过程；二是传统因素与现代因素此消彼长的进化过程；三是指一种整体性的社会发展过程；[②] 王跃生基于中国农村、农业人口居多的特征，提出社会转型是指农业社会向工业社会、以农业经营为主向以非农业经营为主、以农村人口为主的社会向以城市工商业人口为主的社会的转化；[③] 宋林飞认为社会转型有三种含义：社会体制在较短时间内急剧转变、社会结构重大转变和社会发展的阶段性转变；[④] 吴忠民将社会分化和宗教维度纳入转型范畴，包括农业社会向工业社会转化、乡村社会向城市社会转化、封闭半封闭社会向开放社会转化、分化不明显的社会向高度分化的社会转化以及宗教、准宗教社会向世俗社会转化五个方面的内容。[⑤]

社会转型实质上是一种特殊的结构性变动，不仅意味着经济结构的转换，同时也意味着其他社会结构层面（机制转轨、利益调整、观念转变）的转换，是一种全面的结构性过渡。李培林认为，“社会转型是一种整体性的

① 陆学艺、景天魁：《转型中的中国社会》，哈尔滨：黑龙江人民出版社，1994年，第23页。

② 刘祖云：《社会转型：一种特定的社会发展过程》，《华中师范大学学报（哲学社会科学版）》1997年第6期。

③ 王跃生：《制度变革、社会转型与中国家庭变动——以农村经验为基础的分析》，《开放时代》2009年第3期。

④ 宋林飞：《中国社会转型的趋势、代价及其度量》，《江苏社会科学》2002年第6期。

⑤ 吴忠民：《20世纪中国社会转型的基本特征分析》，《学海》2003年第3期。

发展，是一种特殊的结构性变动和一个数量关系的分析概念”[①]。社会转型的主体是社会结构，社会结构转型是除国家、市场以外进行资源配置的“第三只手”。在《再论“另一只看不见的手”》一文中，作者分析了社会结构转型如何通过家庭、企业组织、社会潜网等基本结构要素影响资源配置，并考察了这种资源配置方式可能的逻辑基础 。处在转型期的中国必然会出现新旧规范失衡的“断裂点”和“真空地带”、两种经济体制摩擦导致市场调节失灵、政府干预陷入“上有政策，下有对策”的“软着陆”境地。在这种情况下，由家庭经济体系的重建、企业组织的创新、社会网络的变动所形成的结构力量更为显著地发挥了资源配置的替代作用，成为促进资源合理配置和影响社会发展实际进程的“另一只看不见的手”。

郑杭生、洪大用将中国社会结构转型概括为三个方面：一是身份体系弱化、结构弹性增强。户籍身份、就业身份、所有制身份日益弱化，由身份取向导致的刚性社会结构正在向弹性社会结构转化，社会地位开放性大大增强；二是资源配置方式转变，体制外力量增强。通过“单位”分配和控制资源的能力削弱，单位体制外的资源总量在增加；三是价值观念多样化。通过权力下放、引入市场机制等变革增强了社会自主性，为社会成员合法谋取物质利益开辟了广阔空间。[②]

在社会转型的动力机制方面，郑杭生、郭星华将中国社会转型的起因归结为外扰动和“屏蔽效应”。“外扰动”主要是外域思想文化、科学技术、生活等对社会系统的影响，比如改革开放以来的市场经济、国外先进理念等对中国社会的冲击与影响；“屏蔽效应”是社会系统内部对外扰动的反作用，

① 李培林：《另一只看不见的手：社会结构转型》，《中国社会科学》1992年第5期。

② 郑杭生、洪大用：《当前中国社会结构转型的主要内涵》，《社会学研究》1996年第1期。

比如转型期中国传统文化、社会运行惯性等已然在发挥作用。[①] 陆学艺、景天魁将社会转型的动力机制分为外部动力和内部动力、自发动力和自觉动力、下层压力和上层压力、"府外"压力和"府内"压力四种；他们认为，我国社会转型是在世界现代化浪潮的冲击和社会内部结构变化的作用下产生的，不仅是社会内部压力的结果，而且同外部强烈刺激是分不开的。社会转型的动力主要是沿着自发的、下层的"府外"动力与自觉的、上层的"府内"动力方向展开，单凭这两者任何一方的力量是不能完满地实现社会转型和现代化的。[②] 刘祖云认为，当前中国转型的成功在于社会转型的动力来自政府并实现了政府力量和市场力量的巧妙结合。[③] 李培林也认为，在中国社会结构转型过程中，政府和市场表现为两种不同的推动力量，经济改革和对外开放是中国结构转型的最直接动因。[④] 庞景君将社会转型的直接动力归结为社会主体改革实践活动，这种实践之刃直指旧的、不适应社会发展的以经济关系为核心的社会结构关系，实现社会转型必须依靠改革的实践。[⑤]

在社会转型的特征方面，金耀基教授认为，中国转型社会具有三个特征：一是异质性，即传统因素与现代因素杂然并存；二是形式主义，即应然与实然不相吻合；三是重叠性，转型社会是结构分化与不分化、功能的专化与普化相互重叠 。[⑥] 陆学艺、景天魁、李培林都认为，中国社会转型具有四个特点：一是结构转型与体制转轨同步进行；二是政治和市场的双重启动；

① 郑杭生、郭星华：《中国社会的转型与转型中的中国社会——关于当代中国社会变迁和社会主义现代化进程的几点思考》，《浙江学刊》1992年第4期。

② 陆学艺、景天魁：《转型中的中国社会》，哈尔滨：黑龙江人民出版社，1994年，第62 ~ 74页。

③ 刘祖云：《当代中国社会转型特征再探讨》，武汉大学学报（人文科学版），2002年11月。

④ 李培林：《另一只看不见的手：社会结构转型》，《中国社会科学》1992年第5期。

⑤ 庞景君：《社会转型的动力和标志》，《社会科学辑刊》1995年第4期。

⑥ 金耀基：《从传统到现代》，北京：中国人民大学出版社，1999年，第73 ~ 76页。

三是城市化过程的双向运动；四是转型进程中的非平衡。[①] 郑杭生、郭星华认为当代中国社会运行和发展受到“迟发展效应”和“转型效应”的影响和制约，前者属于外部条件，后者属于内部条件，转型效应中的晕轮效应、瀑布效应和葡萄串效应更能反映当代中国转型社会的特征。[②] 刘燕、万欣荣将中国社会转型的特征概括为：政治驱动型社会转型、系统与配套的社会转型、渐进性社会转型和稳定与梯度发展的社会转型。[③] 王帆宇认为，中国社会结构转型具有五个特征：一是时空压缩性；二是转型的动力来自政府、市场、社会三重力量；三是渐进式与果敢推进的策略；四是经济形态和经济体制合二为一的双重转型；五是一般路径与中国特色路径相结合。[④]

在转型时期社会问题方面，陆学艺、景天魁认为，我国社会由传统社会向现代社会转型的过程中显露的社会问题主要来自三个方面：一是社会机构旧有的积弊；二是由社会变迁引起的社会结构内部各构成要素之间的失衡、失调、冲突、摩擦；三是社会解组状态引起的规范、价值观念“失序”；并将转型时期社会问题划分为三种类型：一是结构性社会问题（人口、贫困、城乡关系、经济与产业结构、劳动就业、地区经济发展）；二是变迁型社会问题（自然资源紧张、能源短缺、社会福利和保障问题、人口流动、农村劳动力转移、核心家庭与独生子女问题、“寻租”与腐败问题等）；偏差型社会问题。[⑤] 基于转型时期出现的社会问题，刘少杰认为，改革开放以来的当

① 陆学艺、景天魁：《转型中的中国社会》，哈尔滨：黑龙江人民出版社，1994年，第44 ~ 50页；李培林：《社会结构转型理论研究》，《哲学动态》1995年第2期。

② 郑杭生：《中国社会的转型与转型中的中国社会——关于当代中国社会变迁和社会主义现代化进程的几点思考》，《浙江学刊》1992年第4期。

③ 刘燕、万欣荣：《中国社会转型的表现、特点与缺陷》，《社会主义研究》2011年第4期。

④ 王帆宇：《社会转型的结构性特征及其在当代中国的表现》，《广东社会科学》2014年第2期。

⑤ 陆学艺、景天魁：《转型中的中国社会》，哈尔滨：黑龙江人民出版社，1994年，第266 ~ 267页。

代中国社会变迁，不是完整意义上的社会转型，其主要内容是市场经济体制转变。作为经济体制乃至整个体制世界的社会基础，是稳定地延续着传统的生活世界，应当充分认识延续着传统的生活世界的稳定性，努力探寻体制世界转变与生活世界变迁的协调性。①

与此同时，关于我国社会转型的概念随着时空变迁也发生了认识以及研究上的变化。王雅林对二分范式的社会转型界定提出异议，认为这种社会转型概念实际上是社会现代化概念的另一种表述，停留在具体的结构转变层次，而没有上升到社会形态层次；只关注到从农业向工业社会转变，而忽视了信息社会这一形态。在社会转型视野中，农业向工业转化，工业向第三产业（有的研究者称之为信息业）转变，即二分范式或三分范式是现代化进程中的必然态势②。王春光则从理解乡村振兴的角度提出了新社会转型时期的概念，认为新社会转型概念虽然延续社会转型的一些含义，但是应赋予其更多的新解读、新意涵：新社会转型依然沿着现代化轨迹前行，社会经济变迁从原先的二分或者三分状态转变为融合、边界重组的状态，不再是非此即彼，而是彼此融合形成新状态、新样式和新机制的变迁方式。在新社会新转型期，传统与现代、农村与城市、一二三产业、区域边界等等不再是那么迥然分明，而是趋于模糊、融合并产生的新样态。乡村振兴是新社会转型的体现，当前中国正进入新社会转型时期。③

此外，有一些学者尝试基于中国转型实践的理论建构与思考。文军、童星、王谦等在总结反思西方发展社会学发展历程的基础上，对转型、发展进

① 刘少杰：《当代中国社会转型的实质与缺失》，《学习与探索》，2014年第9期。

② 王雅林：《“社会转型”理论的再构与创新发展》，《江苏社会科学》2000年第2期。

③ 王春光：《新社会转型视角：对乡村振兴的解读》，《学海》2021年第5期。

行了比对分析，提出了转型社会学的理论建构[①]。文军、刘雨婷基于1979—2018年CNKI和CSSCI收录论文对40年来中国社会转型研究进行了回顾和展望，发现中国社会转型研究重点关注6个方面：经济转型、社会治理转型、意识形态转型、农村社会转型、家庭结构转型和文化转型，中国社会转型研究在经历几个不同阶段后已经开始进入理论自觉阶段。[②] 孙立平通过对西方现代化理论、发展理论以及布达佩斯学派转型理论和布洛维的市场转型理论的梳理，结合中国转型实践，提出将社会转型纳入发展社会学议题的建议，并创设运用“过程—事件”模式来分析中国转型社会的实践社会学。[③] 徐家林针对中国的转型提出构建社会转型理论的范式[④]。唐魁玉从我国社会转型期的实践和理论发展出发，提出建立“中国社会转型学”的设想。[⑤] 周晓虹则从社会转型与中国社会科学的历史使命的维度出发，提出要关照中国转型这一富有特色的社会变迁，要关注中国经验和中国体验，从宏观和微观两个方面切入中国社会转型及其后果，从而使中国社会的转型避免沦为单纯的财富增长或GDP堆积，进而提升这场变迁在全球范围内的精神意义。[⑥]

---

① 参见文军、童星：《论人类社会发展与三次社会转型》，《湖南社会科学》2001年第1期；文军、王谦：《从发展社会学到转型社会学：发展研究学科范式的新探索》，《江海学刊》2007年第1期；文军、王谦：《在反思中前行：西方发展社会学理论的新进展》，《江海学刊》2016年第1期；文军：《社会转型与转型社会：发展社会学的中国观照及其反思》，《中国社会科学评价》2017年第4期；王谦、文军：《社会转型与当代转型社会学研究的理论脉络》，《江海学刊》2019年第3期。

② 文军、刘雨婷：《40年来中国社会转型研究的回顾与展望——以CNKI和CSSCI收录的论文为例》，《江淮论坛》2019年第4期。

③ 参见孙立平：《迈向实践的社会学》，《江海学刊》2002年第3期；孙立平：《实践社会学与市场转型过程分析》，《中国社会科学》2002年第5期；孙立平：《社会转型：发展社会学的新议题》，《社会学研究》2005年第1期。

④ 徐家林：《社会转型理论的范式构建》，《探索与争鸣》2008年第12期。

⑤ 唐魁玉：《关于建立“中国转型社会学”学科的设想——兼评90年代中国社会转型研究》，《中国矿业大学学报（社会科学版）》2000年第3期。

⑥ 周晓虹：《社会转型与中国社会科学的历史使命》，《南京社会科学》2014年第1期。

二、村庄转型相关研究

（一）国外关于村庄转型的研究

在英语语词中，农村的表述有很多种，如“village”“country”“countryside”“rural”“hamlet”等，学界更多将研究对象定位在“rural”，对应中文意思是“乡村”[①]。对于欧美乡村而言，19世纪以来就被工业化、城市化所裹挟，现代化对传统农业、农村和共同体生活的存在和延续造成了巨大威胁。特别是20世纪50年代以来，随着西方国家现代化进程步伐加快，“西方化=现代化”的转型逻辑盛行，不仅在非西方国家大力推行以欧美国家为标准的现代化，而且在西方国家内部也在“通过技术和社会创新，进一步提高容纳、价值普遍化、分化和地位提高的程度。一句话：继续现代化”[②]。在这种逻辑影响下，农业被纳入促进与扩张粮食生产最大化的产业之中，追求生产最大化，食品生产性产业发展成为此时农业最大的特征，即乡村进入所谓的农业生产主义阶段，主要表现为农业商业化、商品化和工业化发展[③]。与此同时，“现代性的隐忧”也在乡村地区呈现：人口外移、贫穷、教育水平低下、公共设施供应不足等问题频出，以城市为中心的现代化似乎在“消灭”乡村。

然而，20世纪70年代以来，伴随交通拥堵、环境污染等“城市病”爆发，发达国家普遍出现了“逆城市化”趋势，乡村则被视为“前现代”“前工业”“田园诗”般的健康生活区域，很多人搬到乡村居住生活。这极大地改变了乡村生产主义格局，乡村旅游、文化、休闲等多功能非农业化产业兴

---

① 实际上，“rural”直译的意思是“农村”，但基于欧美发达国家农业、农民比例缩小，特性模糊，故译为“乡村”较为合适。

② [德]沃尔夫冈·查普夫：《现代化与社会转型》，陆宏成、陈黎译，北京：社会科学文献出版社，1998年，第69页。

③ Iibery，B，From Agricultural Productivism to Post-productivism.In Iibery，B（ed），1998. *The Geography of Rural Change*.London：Longman：pp.56-59.

起。同时，全球粮食体系的转变导致农业生产作用甚微，发达国家农业逐渐变成了经济剩余，乡村经济出现了三个结构性变迁：农场经济衰落、制造业和服务业中低工资就业增加和消费功能增长[①]。面对这些现象，人们开始重新思考现代化进程中乡村的角色、功能以及未来的前景，乡村研究也相应地呈现出研究范式和视角的转向，乡村转型就是其中一个重要的理论成果。

哈尔法克里（Halfacree）将乡村新样态抽象为“后生产主义乡村”（post–productivist countryside），意指有别于生产主义的乡村社会，指代乡村转型的性质和特征。哈尔法克里对生产主义乡村进行了三个层面的阐述：一是乡村地区通过特定的农业行为来记名；二是乡村的正式表征也是以农业为基础的；三是乡村的日常生活是在生产主义的视域中体现出来的。[②] 相对生产主义乡村，后生产主义乡村则主要表现为：农业行为逻辑被打破、多元经济行为并处、乡村的非食品生产行为日益增加、乡村商品化占据主流位置、乡村的正式表征不再由生产主义所支配。乡村农业从生产主义时期的集中化、专业化向分散化、多样化发展转型，乡村功能从生产向消费转型，原先同质的、单一的村庄类型转型为多种村庄形态，比如马斯登（Marsden）将“分化的乡村”分为四种类型：（1）保护性村庄——反发展和保护主义态度占主流的地区，仅提供休闲产业和住宅开发；（2）竞争性村庄——都市通勤地区，外来人口影响较大；（3）家长制村庄——由大的私人土地拥有者或大农场控制的地区；（4）代理人村庄——发展缓慢的地区或偏远山区，农业生产主义仍为主流。[③] 此后，后生产主义乡村几乎成了无所不包的

① Little，J，*Gender Relations and the Rural Labour Process*，In S.Whatmore &T. Marsden（eds.），1994，Gender and Rurality.London：Fulton：pp.11-30.

② 转引自王萍：《村庄转型的动力机制与路径选择》，浙江大学博士学位论文，2013年，第17页。

③ Marsden，T，New Rural Territories：Regulating the Differentiated Rural Spaces. *Journal of Rural Studies*.1998，14（1）：pp.107-117.

"万花筒"概念，各种工业化村庄、符号化村庄、消费村庄等都被纳入其中。所谓"乡村转型"指的就是从以农业为主导的生产主义村庄向非农业特别是以消费居住为主导的后生产主义村庄的转型。

关于乡村转型的动力机制，马斯登（Marsden）提出从生产—消费关系、社会关系与社会行动、制度与权利的社会性建构等几个方面来考察；克洛克（Cloke）和古德温（Goodwin）提出以规制理论为基础，从经济变迁（economic change）、社会文化重组（socio-cultural recomposition）、国家角色再设计（re-engineering the role of the state）三个维度来评估转型。[①] 二者都强调国家、社会、市场对于乡村转型的影响，都是从外部因素考察乡村的转型和变迁。而转型的方向是突破"农业—生产"的框限，实现乡村"去农业""去社区"的转向。

从发达国家乡村转型研究来看，多数研究都强调乡村转型是指因资本积累的地理学变迁而产生的社会空间结构的横向瓦解和重新组合，是对传统乡村研究解释性结构框架的一种弥补。乡村转型研究较为强调：弱化传统城乡二元的空间标准；重视资本主义生产转型与市民社会之间的关系，强调对社会分层体系的影响；强调把全球——地方关系的本质和特殊性放在地方性的社会、经济和政治行为中来解释，并进一步理论化。[②]

（二）国内关于村庄转型的研究

国内乡村研究大都以变迁为视角，大多遵循"从乡村到现代"的社会转型逻辑，阐释内容涉及乡村经济、社会、文化、治理等各个方面，对于村庄转型研究不多。很多研究要么仅涉及农村转型的一个方面，要么把"村庄转

---

① 毛丹、王萍：《英语学术界的乡村转型研究》，《社会学研究》2014年第1期。

② 王萍：《村庄转型的动力机制与路径选择》，浙江大学博士论文，2013年，第7—8页。

型”视为一个不言自明的概念使用，零星讨论较多，专门研究较少，还未形成系统的理论建构。

国内学者中，中国社会科学院张雨林研究员最早使用村庄转型对中国乡村的变迁进行概述。在《村庄的转型与现代化——江苏省太仓市马北村调查》一文中，作者通过对马北村改革开放8年里巨大变化的深描，发现村庄正在发生从传统的农业村落向以社区集体工业经济为主要基础、彻底开放面向市场的大型综合性实业公司和全新的社会主义农村社区的转型①。郑杭生教授在《当代中国农村社会转型的实证研究》一书中，从社会转型的两个分析概念——社会转型度和社会转型势——出发，详细阐释了转型期中国农村社区的内部结构变化、农民价值观念转变、农民素质以及农民现代性的代际差异，并通过四个农村社区的实证研究较为科学地呈现了转型期农村社会的现状。② 曹锦清教授也是较早从社会转型视角研究农村问题的学者。在《中国农村转型：转向何方》③ 一文中，他提出“研究三农问题是和当代中国社会转型密切相关的，是当代中国社会转型中出现的问题……我们关注的是中国当下的社会转型，以及由此而引发的三农问题”，但并未对农村转型进行深入研究。

另外，还有一些研究者对农村社会、经济、治理、文化等的变迁进行了专门讨论，从而分析农村从一种类型到另一类型的转型。如贺雪峰认为，行政村的建立打破了熟人社会的规则，尽管村庄仍有共同的行政空间，但却缺乏共同生活空间，因而与传统的熟人社会那种彼此间“知根知底”面对面

---

① 张雨林：《村庄的转型与现代化——江苏省太仓市马北村调查》，《社会学研究》1993年第2期。

② 详细可参见：郑杭生：《当代中国农村社会转型的实证研究》，北京：中国人民大学出版社，1996年。

③ 该文系曹锦清教授2004年9月在华中师范大学农村研究方法高级研讨班上的发言，具体可参见：http：//theory.people.com.cn/GB/49167/3798954.html，2005年10月25日。

的社会有着本质区别，由此形成了半熟人社会。[①] 吴重庆认为，伴随着中青年农民大量外出务工经商，农村社会成了城市的依附者，村庄的主体性丧失，传统熟人共同体逐步走向无主体熟人社会。[②] 王景新则从村域经济的视角出发，提出村域经济转型是指村域由传统农业经济社会转型为现代工业经济社会，包含所有权结构多元化、产业和就业结构非农化、经济社会结构现代化、农耕文化与工商业文化由冲突向融合转型、农民收入由贫穷向富裕转型、农民由身份农民向职业农民转型等。[③] 狄金华通过对河镇的实证分析得出，转型期基层治理的逻辑不是黄宗智所说的“简约治理”，而是复合治理——“国家一方面认同村社自治以及村社规范的正当性，同时又制订和推行具有普遍适用性的公共规则，运用这两套规则可能存在内在冲突的规范来进行治理”[④] 。钱理群从文化变迁的视角提出，随着理性主义和现代进步观念的逐渐侵入，传统乡村的道德、地方性伦理和道德规范逐步失序，导致乡

---

① 贺雪峰：《论半熟人社会——理解村委会选举的一个视角》，《政治学研究》2000年第3期。亦可参见贺雪峰：《新乡土中国》，北京：北京大学出版社，2013年，第3～10页。

② 吴重庆：《无主体熟人社会》，《开放时代》2002年第1期。

③ 王景新：《村域经济转型发展态势与中国经验》，《中国农村经济》2011年第12期。此外，关于农村经济转型的研究，奂平清以定州的实地研究为基础，从乡村集市变迁的视角考察农村社会结构的转型。参见奂平清：《华北乡村集市变迁与社会结构转型——以定州的实地研究为例》，中国人民大学2005年博士论文；仇睿以山西晋北J村为例，阐释了传统社会的血缘等社会资本与农村产业转型的关系。参见仇睿：《社会资本与农村产业转型研究——以晋北J村及批发市场为例》，上海大学2011年博士论文。

④ 狄金华：《被困的治理：河镇的复合治理与农户策略（1980-2009）》，北京：生活·读书·新知三联书店，2015年，第15页。

村文化的转型与重建成为亟待解决的课题[①]。

不难看出，以上研究虽然都提及了转型，但却是在“转型=变迁”的意义上使用转型一词的。实际上，村庄转型指的是村庄从一种形态转变为另一种形态，是一种质的变化，而变迁更多是一种自然变化的呈现。对于1978年以来的中国而言，变迁是必然的，而转型却更能深刻反映这种变化。真正提出从“村庄转型”的视角研究中国乡村的是浙江大学的毛丹教授，在《村庄大转型——浙江乡村社会的发育》一书中，作者从村庄转型的视角分析了村庄经济、政治、社会以及地方政府与村庄趋向四个维度的转型。作者主张将村庄作为农村研究的首要单位，因为“农村，首先是指村庄。所谓农村，它所指涉的人口、土地、组织与文化，在中国首先始于村庄单元联系在一起的，即：农民大部分还被组织在村庄之中；农业主要发生在村庄所属的土地上；村庄的文化对于农村人口最具有可分享性和纽带作用”[②]。不仅如此，就中国农村30年转型的议题而言，忽略村庄视角意味着至少忽略了三个事实：一是村庄在过去的农村一向是家庭之上的重要共同体；二是中国农村人口大部分移入城市将有一个漫长的过程，大量村庄今后仍将长期存在，发挥组织农村人口生活生产的功能；三是国家并非只有单纯减少村庄这一种

---

① 钱理群：《乡土中国与乡村教育》，福州：福建教育出版社，2008，第12页。此外，关于乡村文化转型的论述还有很多，如谭同学以桥村为例，从村庄政治、纠纷解决、日常生活及信仰活动四个方面，对乡村社会转型中的道德、权力和社会结构进行了深描。参见谭同学：《乡村社会转型中的道德、权力与社会结构——迈向“核心家庭本位”的桥村》，华中科技大学2007年博士论文；刘芳关于转型期的孝道与乡村秩序研究，参见刘芳：《社会转型期的孝道与乡村秩序——以鲁西南的H村为例》，上海大学2013年博士论文；王露璐关于转型期乡村社会传统伦理退场以及如何重建的论述，参见王露璐：《转型期中国乡村伦理共同体的式微与重建——从滕尼斯的“共同体”概念谈起》，《“第二届中国伦理学青年论坛”暨“首届中国伦理学十大杰出青年学者颁奖大会”论文集》，2012年6月；张清津基于专业分工视角对转型期村庄文化变迁的分析，参见张清津：《转型期村庄的问题化变迁——基于专业分工的分析》，《东岳论丛》2013年第2期。

② 毛丹：《村庄大转型：浙江乡村社会的发育》，杭州：浙江大学出版社，2008年，第6页。

发展选择，相反，可以将城市农村视为一个系统的两个有机部分，通过提升二者的有效联结使其实现良性互动。因此，把村庄转型作为观察中国农村变迁的视角，这是一个有实质意义的选择。在此基础上，毛丹站在村庄与市场、国家、城市社会三大关系转型的角度，把中国农村30年的变迁表述为：村庄从农业共同体到城乡社区衔接带之弱质自治社区的大转型。主要含义是指：（1）经济共同体转型——基于农业和农民半市场化、半受市场化保护的政策环境以及双层经营而农户经营实际上更受政策支持的经营环境，村庄从人民公社体制下的集体大队，转向具有不确定性的社区经济共同体。（2）治理共同体转型——基于村自治的制度安排和地方性实践突破，村庄从国家的基层治理单位转向国家与社会共同治理的单位，乡土公共领域得到初步生长。（3）村庄作为农民社区的转型——从传统农业社区开始转向城乡衔接带的弱质端。①

毛丹虽然提出了村庄转型的分析框架，并对改革开放30多年的中国农村转型进行了关系学的阐释，但始终没有明确村庄转型的内涵。王萍在其博士论文《村庄转型的动力机制与路径选择》一文中进行了理论概念方面的深研。通过对西方国家乡村研究的理论梳理特别是乡村转型的分析，作者发现乡村转型具有普遍性和特殊性，欧美从生产主义到后生产主义的乡村转型实践对于正在发生巨变的中国同样适用，而且在转型的动力机制方面也大同小异。作者认为，"村庄转型"是村庄从一种类型到另一种类型的变迁，指涉的是村庄性质上的重大变化。在国家、市场与社会机制的共同作用下，现代化洪流中的村庄不只走向终结一种趋势。相反，在经济变迁、社会文化重组和国家角色再调整的综合作用下，村庄转型正经历一场复杂的从农业型社

① 毛丹：《村庄大转型：浙江乡村社会的发育》，杭州：浙江大学出版社，2008年，第6-8页。

区到居住型社区的转型。村庄经济普遍出现了“去农业化”变迁，表现在农村劳动力的非农化、农村土地的非农化和农业的非生产化等方面。“去农化”不仅带来了村庄结构转型，而且导致了村庄功能转型。在村庄转型的过程中，经济以及市场要素、社会及文化重构力量、国家角色再调整作用共同型构了其动力机制。在村庄转型路径上可能有多样化的选择，既有“去农业化”，也有“再农业化”的转型；既有“去社区化”，也有“社区再造”的转型；既有治理危机的发生，也有新乡村运动的反向保护力量，这些均可以在当下中国村庄转型的过程中被观察到。[①] 尤其是在乡村振兴战略实施以来，“社区再造”的转型成为趋势。王春光认为，乡村振兴并不是凭空而生的，从20世纪80年代的农村联产承包责任制到后来的乡镇企业发展、小城镇兴起乃至21世纪的新农村建设和脱贫攻坚，乡村并非一直在“衰落”之中。乡村振兴是基于此前积淀而产生的新社会变化，即新社会转型。在新社会转型视角下，村庄“空壳化”和“老龄化”只是表征，村民在更大范围内依然维持着村庄共同体纽带；乡城或者城乡社会正在形成，跨乡城的生活将是一种新的社会形态；城乡并存、互为支持、共同发展的多样性价值路线正在建构；传统文化与现代文化、本土文化与外来文化的交融态势愈演愈烈；乡村和城乡产业融合趋势加强。[②] 这种互融性转型已然超越了城市与乡村、传统与现代二分的“转型”实践，而以“现代化”的形象呈现，正如党国英所言，“传统乡村社会转型是农村社会经济结构由传统乡村社会向现代社会转变，是社会整体实现现代化的过程，现代性社会特征成为覆盖城乡的共同特征，城乡分野除了反映农业的行业特征之外不再有其他意义”。[③]

关于当下中国村庄转型过程的研究，多数学者没有像毛丹、王萍一样从

① 王萍：《村庄转型的动力机制与路径选择》，浙江大学博士学位论文，2013年。

② 王春光：《新社会转型视角：对乡村振兴的解读》，《学海》2021年第5期。

③ 党国英：《中国传统乡村社会转型研究论纲》，《社会科学战线》，2020年第1期。

"结构 — 功能"主义视角建构村庄转型的理论体系，而是选择从变迁视角诠释村庄转型。项继权通过梳理不同历史时期农村社区及共同体的认同基础和变化，来探讨当前乡村共同体的重建问题。他认为，在新的历史时期，政府应加强农村公共服务，用服务将人们联系起来，在服务的基础上重建农民的社区及社会信任和认同，构建新型农村社会生活共同体。[①] 饶旭鹏提出，改革开放以来，中国农村社会进入了转型加速期，传统农村"乡土社会"迅速转向"新乡土社会"。在向"新乡土社会"转型过程中，农村居民的乡土依赖性降低、乡土意识逐渐式微、家庭规模小型化且发生功能转向。这一转型过程是理解当下中国农村社会结构的基础，也是加强和创新新农村社会管理的前提。[②] 袁方成、李增元[③]、陈世伟[④]、李勇华[⑤]、赵晓峰[⑥] 等从不同的侧重点阐释了当前村庄治理转型问题。邱泽奇、邵敬较为关注农村社会秩序，提出当下中国乡村社会的秩序新格局：政府、市场、社会各自按照自己的运行规则，三种秩序并行于乡土社会。[⑦]

此外，有研究者从不同视角对乡村转型进行研究。田鹏从地域社会学

---

① 项继权：《中国农村社区及共同体的转型与重建》，《华中师范大学学报（人文社会科学版）》2009年第3期。

② 饶旭鹏：《中国农村社会结构演变的历程 —— 从"乡土社会"到"新乡土社会"》，《开发研究》2012年第5期。

③ 袁方成、李增元：《农村社区自治：村治制度继替与转型》，《华中师范大学学报（人文社会科学版）》2011年第1期。

④ 陈世伟：《地权变动、村界流动与治理转型 —— 土地流转背景下的乡村治理研究》，《求实》2011年第4期。

⑤ 李勇华：《乡村治理与村民自治的双重转型》，《浙江社会科学》2015年第12期。

⑥ 赵晓峰：《村级民主政治转型：从汲取型民主到分配型民主 —— 村治精英类型更替的视角》，《天津行政学院学报》2010年第5期。

⑦ 邱泽奇、邵敬：《乡村社会秩序的新格局：三秩并行 —— 以某地"乡土人才职称评定"为例》，《国家行政学院学报》2015年第5期。

视角出发，以超级村庄和城中村为例，探究了乡村都市化和村庄转型[①]；朱敏、王海明提出从个体化视角看待中国乡村30年的转型，认为现有转型研究过于注重经济和社会转型，忽略了个体主义视角。[②]刘彦随、周扬、李玉恒、郭远智等从地理学的视角出发，提出乡村转型发展是乡村地域系统构成要素变化及其与外部环境相互影响、相互作用的综合结果。自1978年改革开放以来，乡村地域系统实现了由单一型农业系统向多功能乡村系统再向融合型城乡系统转变的“三转型”，也即实现了由农业中国到乡村中国再到城乡中国的演进。乡村振兴本质上是乡村转型发展的一个特殊阶段，是乡村发展演化到一定阶段后，为解决其面临的突出问题以向更高层次迈进的战略选择。[③]有些研究者从整体上对中国农村转型类型、特征进行总结。王冰通过英法与中国农村转型比较，认为中国农村自改革开放以来便开启了利用自身内部资源引导社会转型的历程，主导模式是农村的工业化和依附于工业化的欠发达地区农村剩余劳动力转移。农村社会转型成功取决于经济结构转换条件下农民的市民化。[④]有些研究者则从微观视角开展村庄转型的区域研究。李小借鉴毛丹村庄转型视角，从村庄自身出发研究了城中村转型问题。[⑤]张秀婷简述了改革开放以来山西农村社会的转型[⑥]。

---

① 田鹏：《地域社会学视角下的乡村都市化与村落转型》，《华南农业大学学报（社会科学版）》2016年第4期。

② 朱敏、王海明：《个体、社会与乡村社会转型——以个体化为视角》，《晋阳学刊》2009年第4期。

③ 参见刘彦随：《中国新农村建设地理论》，北京：科学出版社，2011年；刘彦随、周扬、李玉恒：《中国乡村地域系统与乡村振兴战略》，《地理学报》2019年第12期；郭远智、刘彦随：《中国乡村发展进程与乡村振兴路径》，《地理学报》2021年第6期。

④ 王冰：《英、法农村与中国农村社会转型比较研究》，《贵州社会科学》2007年第2期刊。

⑤ 李小：《新型城中村转型研究——以青岛市城阳区小北曲社区为例》，山东大学硕士论文，2013年。

⑥ 张秀婷：《山西农村社会的转型发展研究》，太原理工大学硕士论文，2012年。

三、资源型村庄转型相关研究

本书中的资源型村庄特指具有矿产资源（煤炭、铁矿、铝矿等）禀赋的村庄。现有关于资源型村庄转型的研究主要是在“问题—转型”的话语体系下展开的，着力探究的是资源型村庄如何转型发展的问题，即转型之后的再转型。①

以山西大学的董江爱、李利宏为代表的学者从产权政治学、政治社会学的视角出发，围绕因煤炭资源开发而引发的城乡一体化模式、新农村建设、煤矿产权与村庄政治、矿权与乡村治理、治理困境、生态女性主义与资源型农村环境治理、政企关系等进行了系列性的研究，较为全面地呈现了煤炭资源型村庄矿权与村庄治理的全貌。② 在资源型村庄摆脱发展困境方面，董江爱等认为，资源型农村的发展困境根源于两个方面：一是资源产权制度设计不科学，造成不合理的利益格局以及由此形成的矿村关系；二是利益失衡，导致资源型农村矛盾纠纷。因此，应通过产权制度改革，调整利益分配格

---

① 前一个“转型”是指1978年改革开放至2017年的农村转变，“再转型”是基于前一个转型（矿产资源开发带来资源型村庄发展困境）问题的出路思考。多数研究关注的是“再转型”的问题，忽略了之前村庄发生的转型。没有对前面转型的研究，后面的再转型就无从谈起。

② 董江爱、李利宏、崔培兵等对煤炭资源型村庄做了大量研究，相关文献近80篇，可参见董江爱：《三晋政治：公共财产治理中的村民参与》，北京：中国社会科学出版社，2010年3月；李利宏：《煤矿产权结构与资源型村庄治理》，北京：中国社会科学出版社，2016年6月。此外相关论文，如董江爱，崔培兵：《村治中的政治博弈与利益整合——资源型农村选举纠纷的博弈分析》，《中国农村观察》2010年第2期；董江爱、李利宏：《资源型地区城乡一体化模式探索——山西乡宁市一矿一业一事活动的调查与思考》，《城市发展研究》2010年第3期；董江爱、王铁梅：《煤矿产权与农村政治——基于煤矿资源的农村公共权力分析》，《政治学研究》2011年第6期；董江爱、霍小霞：《矿权与乡村治理》，《社会主义研究》2012年第4期；李利宏、董江爱：《煤矿集体产权下的村庄精英治理——基于山西X村的个案研究》，《山西大学学报（哲学社会科学版）》2012年第5期；董江爱、徐朝卫：《基于煤矿资源的利益博弈和策略选择——山西煤矿开采与经营中的政企关系研究》，《中国行政管理》2015年第2期。

局，实现资源型农村的科学发展。[①]

白明英通过对山西晋城市农村工业发展问题的分析，提出资源型农村工业推进要实现经济增长方式由资源高耗型向节约型、单要素推动型向多要素驱动型转变，关系选择由城乡竞争型向城乡互补型、由脱离农业型向回归农业型转变，产业布局由分散型向适度集中型转变，产业结构、布局结构调整是转型发展的主要路径。[②] 苗娜妮以典型资源型农村为研究对象，通过分析其治理转型过程，认为资源型农村的治理转型是囊括政治、经济、文化、社会、生态等多方面治理资源综合转型的系统工程。[③] 庞娟[④]、宋珏[⑤]、杨晓颖[⑥]、张改枝[⑦]、刘晨星[⑧] 等在分析资源型村庄发展现状的基础上提出了转变发展理念、调整产业发展方式等转型路径。

此外，有些研究关注矿产资源开采与村庄权力结构、村庄发展的关系阐释。张丙乾以农村社区权力结构为分析框架，通过对社区中矿产资源开发过程的社会学考察，勾绘了农村社区小铁矿开采过程中基于矿场资源开发的过程，展示了"乡政村治"格局下的社区治理秩序。丁宝寅通过实地研究的方

---

① 董江爱、李利宏：《资源型农村的治理困境及其出路分析》，《中国行政管理》2013年第1期。

② 白明英：《资源型区域农村工业化实施战略案例分析 —— 以山西省晋城市为例》，《山西大学师范学院学报》1999年第2期。

③ 苗娜妮：《资源型农村治理转型研究 —— 以晋城市X村为例》，山西大学硕士学位论文，2014年。

④ 庞娟：《转型期资源型村落的现状及转型路径 —— 以H村为例》，《学理论》2014年第3期。

⑤ 宋珏：《资源型农村转型发展的路径分析 —— 以晋城市皇城村为例》，山西大学硕士学位论文，2013年。

⑥ 杨晓颖：《资源型农村转型发展模式研究 —— 以山西省X市梧桐镇为例》，山西农业大学硕士学位论文，2016年。

⑦ 张改枝：《资源型农村转型发展的困难和对策》，《山西财税》2015年第10期。

⑧ 刘晨星：《制度变迁视角下资源枯竭型村庄有效转型研究 —— 以S省L村为例》，山西大学硕士学位论文，2021年。

式，追踪了一个矿产资源丰富的村庄在改革开放之后经历的与矿产资源开发密切相关的变迁，从微观层面展现了在发展主义之下资源型村庄发展的现实——始终遵循发展主义经济理性至上和现代性的逻辑。① 陈晶环采用实地调查方法，对资源型村庄宋村公共空间转型过程进行追溯，对其内部社会结构进行分析，揭示了在农村现代化过程中发展力量对农村公共空间的塑造以及农民自发性对自上而下变革的回应力。② 徐黎丽、朱壁莹以长庆油田所在村庄为个案进行村庄生计转型研究，发现石油资源枯竭后的村庄将传统地方性知识与资源和当代社会变迁进行了组合，因地制宜适应自然与社会环境变化，逐渐实现了生计转型，从微观层面呈现了一个石油资源退出村庄场域后的村庄转型镜像。③

四、文献评述

基于本研究所针对的问题，相关文献部分包括了社会转型、村庄转型以及资源型村庄转型三个议题。国外社会转型相关研究为我们提供了宏观、中观或者国家社会形态更替的分析视角，经典社会理论建构了“传统—现代”的转型、变迁框架，现代化理论诠释了“现代化=西方化”的逻辑，以拉美学者为主的发展理论通过建立世界关系体系来解释不发达国家落后的根源，转型理论则基于转型国家实践提出现代化转型的路径可以有很多种。不同的理论体系构建了对发展、变迁、转型的不同诠释，但无论哪一种取向的社会

① 丁宝寅:《发展能带来发展吗？——对华北某村庄发展变迁的考察》，中国农业大学博士学位论文，2014年。

② 陈晶环:《农村公共空间的转型研究——以华北山区宋村为例》，中国农业大学博士学位论文，2014年。

③ 徐黎丽、朱壁莹:《石油资源枯竭后的村庄生计转型研究——以长庆油田所在地甘肃省XXX市XXX村为例》，《地域文化研究》2017年第1期。

转型研究，大体没有脱离发展社会学长久以来形成的研究领域和理论框架，或者说，在“面向现代化的转型”问题上是“不谋而合”的。国内学者主要集中对社会转型的内涵、特征、结构变迁、动力机制、转型期社会问题以及理论范式建构等方面展开研究和阐释。虽然存在侧重点和视角的差异，但大都遵循“结构—功能”的分析框架，接受社会转型是从传统到现代的转变与计划经济体制向市场经济体制转变的双重转型，认可政府和市场双重驱动是转型的动力，承认社会转型的双重性（社会发展和社会问题并存），较为全面地呈现了中国社会转型全貌。总体上，国内外关于社会转型的研究着眼于宏观、中观的理论架构，呈现了转型的运动轨迹以及转型的具体问题，特别是国内学者结合我国转型实际，提出了有别于西方“传统—现代”单一路径的双重变革实践，从功能、结构等方面完整诠释了自20世纪80年代以来的变迁图景，阐释了我国乡村发展转型战略的连续性和衔接性，为我们系统理解四十多年的改革铺陈了先在的指引。但是，现有研究对于转型主体的过程性微观分析较少，对于转型主体（包括村庄或城市中的人）的叙事性描述正是本研究力图尝试的一个注脚性补充。

关于村庄转型相关研究，欧美学者提出从生产主义到后生产主义的乡村转型范式，在动力机制方面提出国家、社会、市场的三维机制，较为完整地呈现了20世纪50年代至今的乡村变迁实践。一方面，将乡村从边缘拉回到中心，乡村被重新确立为研究单位；另一方面，基于乡村现实而提出的转型范式具有强力的实践解释力，并为非西方国家乡村变迁提供了理论视角。但是，这种两级的划分并不能涵盖乡村转型全貌，很多乡村不是在两极之间游走，而是处于两者特征兼备的过渡阶段，或者说是具有生产主义和后生产主义的双重特性。在肯定其理论价值的同时，我们需要结合不同国家、不同区域乡村发展现实重新考量其普遍性和特殊性。国内学者关于村庄转型的研究更多基于变迁视角和“当下”时间观展开，围绕乡村某一方面的变化、特征进行描述，对于转型的过程特质关注相对较少。毛丹、王萍等人虽然提出以村庄转型为视角对改革开放以来的村庄进行研究，从国家、市场、社会三个层面与村庄的关系角度去阐释村庄转型变迁，但更多是站在村庄外部去分析村庄转型，对于主体性存在的村庄特别是村民的日常行动以及由此引发的内部转型动力关注较少。

关于资源型村庄转型的研究则将关注点放在因资源开发而带来的发展困境方面，所谓“转型”指的仅仅是“如何再转型”的问题，对于再转型之前的转型研究不多。以董江爱为代表的学者侧重从产权社会学、制度经济学的角度分析煤炭资源型村庄治理的问题，较好地呈现了资源与村庄政治的关联，但对资源与村庄转型的关联缺乏全面历时性的考察，未能展示资源型村庄转型的特质与全貌。

基于以上研究，笔者认为，从传统到现代的社会转型是一个谱系化的概念，是一个正在进行且尚未完成的变迁实践，我们正处于这样的变迁流中。变迁从流动的视角告诉我们社会在变化，但转型却从质变的角度告诉我们变迁过程中的每一个变化。村庄转型的提出正是基于这样的考量：村庄在变迁，转型却是在变迁中时刻发生的事件。如果说现代性通过国家、市场和社会的外部力量向村庄注入了强效的“转型剂”，那么作为主体的村庄则试图以传统、历史、自然禀赋等内部力量与之碰撞、冲突、融合，内外交错共同促进了村庄转型样态的多样化。村庄不是完全被动的受体，而是具有极强主观能动性的主体，特别是村庄中的“农民谋求发展的行动不是完全‘不得已而为之’的，而是不断自我调适、自我设计和主动进取的。新的村社区的非农社会经济结构也不是完全被社会大体系‘造就’出的，而是农民不断‘建构’出的”[1]。对于很多中国传统乡村而言，自然资源禀赋在日常生产生活中占据着非常重要的位置，通过微观深描一个资源型村庄三十多年的变迁，在历史的叙事中捕捉村庄主体与村庄转型的关系，可以进一步丰富我国村庄转型的理论与实践。

第三节 理论视角与分析框架

一、理论视角：村庄转型

从1978年的农村家庭联产承包责任制改革开始，“变迁”与“转型”就成为我国社会的主旋律。在这场尚未完成且还在进行的变革进程中，村庄始终是转型的重要场域或者说是转型的“主角”，所谓转型，更多指涉的是村庄由传统到现代的变革结果，即转型强调的是不同于传统“土地”逻辑确立的村落共同体存在的另一种呈现形式——现代化、城市化的生存发展逻辑。村庄转型概念即在这个意义上提出，一方面将“村庄”置于转型的中心，通过“凸显”表达村庄的主体性地位；另一方面将“转型”视为“过程+结果”的表述框架，强调“质变”历程。相较于“变迁”，“转型”既能体现村庄纵向长时段的变迁历史过程，更能表征村庄变化的流动性和方向性。概言之，村庄转型将传统与现代搁置于动态的进程中进行阐释和探究，从而使得主体在历史性叙事中获得彰显。

---

① 折晓叶：《村庄的再造——一个“超级村庄”的社会变迁》，北京：中国社会科学出版社，1997年，第4页。

长期以来，关于村庄转型的讨论有两个不证自明的逻辑：一是将转型视为背景，在转型社会的大前提下呈展村庄的各类问题；二是将村庄置于城市化进程流中，视为被城市化的对象或基点。对于前者而言，村庄转型被放置于由传统到现代的变迁实践中，讨论的重点集中在现代化、工业化、市场化等外部因子对村庄传统的冲击以及碰撞方面，国家、市场和社会是承载现代性的重要载体，由此形成了“国家 — 地方”“政府 — 社会”“现代性 — 乡土性”等分析框架和理解视角。换言之，在宏观的社会转型大背景下，站在村庄场域外部透视内部的问题，这些问题包括社会结构、文化变迁、村庄治理、日常生活实践、伦理道德、生态环境等等。而在此基础上的“转型”则是基于转型现状问题的“再转型”，“转型”的使用从背景性概念变为能动性概念，已然脱离了自改革开放以来中国的转型实际 —— 一个由传统社会逐渐进入现代社会的历程，这个过程仅仅靠变迁叙事是难以诠释其所有社会事实的。对于后者而言，村庄和城市成为两个对立的非此即彼的方向性选择题，意即转型必然是村庄向城市的转变或村庄在城市化下的现代性改造，“概括起来，学界大体存在两种较为不同的判断：一种可被称为‘村落终结论’，另一种可被称为‘村落再生论’……‘村落终结论’者认为：传统村落不仅在空间上不断被扩张的城市侵蚀，而且在社会结构和组织方式上也面临着失序和解体，村落不可避免地因城市化转型而走向‘终结’。而‘村落再生论’者则认为：现代化的侵入反而为传统村落的再生发展提供了良好机遇，传统村落可以借助城市化和现代化的力量重新积累发展资本。在新的发展时期，传统村落的共同体本质和网络关系并没有因此发生根本变化，反而在某些方面可以获得重构和再生的机会[①]。”虽然二者对于城市化在多大程

① 文军、吴越菲：《流失“村民”的村落：传统村落的转型及其乡村性反思 —— 基于15个典型村落的经验研究》，《社会学研究》2017年第4期。

度上对村庄造成了消解没有达成一致，但对村庄内部转型的考量依然是建立在外部对村庄的影响上，村庄作为关系主体的存在以及关系中的互动博弈则关涉较少。

毛丹提出从村庄转型的视角来讨论中国农村30年的变迁与转型，“把农村的转型首先、集中理解为村庄的转型”①，并提出从关系转型的角度分析村庄与国家、市场、社会三者的关系，进而将变迁表述为：村庄从农业共同体到城乡社区衔接带之弱质社区的大转型。其主要含义是指：（1）经济共同体转型——基于农业和农民半市场化、半受市场化保护的政策环境以及双层经营，而农户经营实际上更受政策支持的经营环境，村庄从人民公社体制下的集体大队转向具有不确定性的社区经济共同体。（2）治理共同体转型——基于村民自治的制度安排和地方性实践的突破，村庄从国家的基层治理单位转向国家与社会共同治理的单位，乡土性公共领域得到初步生长。（3）村庄作为农民社区的转型——从传统农业社区开始转向城乡社区衔接带的弱质端。② 无疑，国家、市场、社会的外部关联必然会影响村庄转型，而且会在很大程度上左右转型的态势、速率和结果，但同时不可否认村庄自身作为转型主体的主观能动性，特别是村庄的自然资源、历史文化资源等等内部条件的媒介桥梁作用。国家、市场的“嗅觉”正是通过村庄内部资源而实现了现代性、城市性对其村庄传统性的冲击，进而一步一步促成变迁和转型。

村庄转型的视角分析在关系建构中达成了村庄主体性的部分确立，但嵌入“国家—村庄”“市场—村庄”“大社会—村庄”三维关系谱中的村庄容易被遮蔽成为“被动”的受体，且对关系的强调和研究忽视了内部形态

---

① 毛丹：《村庄大转型：浙江乡村社会的发育》，杭州：浙江大学出版社，2008年，第7页。

② 毛丹：《村庄大转型：浙江乡村社会的发育》，杭州：浙江大学出版社，2008年，第7～8页。

的转型，缺席了对“在过程中”转型的关注，特别是容易出现“只见村庄、不见人”的场面，村庄中的群体或人才是真正的转型主体。文军认为：“村落转型不仅包括物理形态、空间、组织、社会关系等方面的结构转型，同时也离不开‘人’（村民）的转型。”① 过去研究多关注有形的转型、多从外部世界对村庄进行结构功能主义的解读，而忽视了村庄真正的主体——村民——与村落转型之间的关联。他着重从村民与村庄转型之间的张力与分离出发，以“村民—村落”为两大维度，建构了四种理想的村落转型类型，较好地呈现了村庄转型的现实。然而，在构建“村民—村落”内部关联与互动的同时，并未对村庄的“主人”——村民的主体性转型或者主体性“实践”② 进行深描或叙写，而这恰恰是本书尝试深化的关键点——建构“村民—资源—转型”的村庄内部变迁逻辑，将村庄认定为转型的核心场域，将村民和村庄中的自然资源视为两个不可或缺的主体和媒介，通过村民与资源的内部叙事以及村民日常生活实践呈现村庄变迁转型的图景。

---

① 文军、吴越菲：《流失“村民”的村落：传统村落的转型及其乡村行反思——基于15个典型村落的经验研究》，《社会学研究》2017年第4期。

② 这里的“实践”是从实践论（practice theories）的视角提出的。实践论是20世纪七八十年代以来发展出来的一个社会理论范式，在当代西方社会科学界颇具影响力。安东尼·吉登斯（Anthony Giddens）和皮埃尔·布迪厄（Pierre Bourdieu）被公认为是实践论的两位重要奠基人，他们主张立足实践的原则来重新认识社会生活，以超越社会理论中的主客二元对立问题。实践论的核心论点包括：社会生活主要是由各式各样的实践构成的，它们是“开放性的、时空性的那些有条理的做的和说的之集合”；构成社会生活的不同实践间并不是独立的，而是会相互串联并组成一些实践复合体；纷繁复杂的社会现象要么是由实践复合体直接构成，要么植根于这些复合体之中；人的行动取决于一些不可言说的实践能力，也可理解为“实践意识”或“默会知识”。参见Reckwitz A. Toward A Theory of Social Practices：A Development in Culturalist Theorizing，*European Journal of Social Theory*，Vol.5，No.2，2002，pp.243-263；Schatzki T.R. *On Practice Theory, or What's Practices Got to Do（Got to Do）with It*? in Education in An Era of Schooling，edited by Christine E.，Grootenboer P. & Wilkinson J.，Singapore：Springer，2018，pp.151-165.

二、分析框架

对于村域空间而言，它总是嵌入在更大的空间之中，恰是这个更大的场域构筑了其发展、变化的外部条件，成为促成其转型的必要因素。国家、市场、社会乃至更大的世界工业化、现代化、市场化的“化”学之路对村庄变迁有至关重要的要影响，这种影响不仅仅是外界的力量呈现，更渗透在村庄场景中，通过村庄（村民）的日常生产生活实践，在互动中共同推动了村域转型发展。这样，在村庄转型中就应然性地具有两种力量：一种是支配性的，是国家主导下的市场化力量，这种力量首当其冲撕开了村庄的“口子”，借助某些“在场”化、形式化的媒介推动村庄卷入，并且在过去40年的发展变迁中，始终以“显性在场”或“隐性在场”的形式支配着村域转型；另一种力量是主体性的，是村庄自身的力量，这种力量既包括作为村落整体或传统意义上的共同体力量，也包括作为主体村民的能动性力量。这是村庄转型的实践逻辑，即：村庄不是完全被动的受体，而是以自身的发展变化迎接“挑战”。村庄转型是内外两种力量在村域空间中冲突、融合的互动过程，是村庄“内部”的转型之路。

在这个巨大的图景中，既有福柯意义上自上而下的支配分割体系，也有无处不在的由行为惯习、文化以及身体的“默会知识”组成的村域微观实践体系。福柯认为，变迁路径是自上而下的、由外到内的，这个过程遮蔽或吞噬了卡尔·波兰尼所说的互惠、家计以及各种社会的自我保障体系。但是，这并不是说社会中的个体真正失去了自我保护的能力，他们有自身的“实践艺术”。在《日常生活实践》一书中，德·塞托明确指出，福柯的“全景敞视主义”的确存在，但社会中也存在为数众多的“悄无声息的进程”和“次要的实践”，而这正是一个丰富的“巨型储藏室”，它彰显了博弈空间中底层的存在和价值，是霍布斯鲍姆意义上的“书写自下而上的历史”。在这个

“书写”进程中，与隐藏性文本研究相对，以斯皮瓦克、查特吉、古哈等人为代表的“底层学派”则意图复原底层大众在历史叙事中的作用，即底层在面对支配力量时表现出的各种“历史细语”“微弱的杂音”是一种实践主体自我创造能力、主体性能动性的“响应”，与支配性具有“同时代性”。无论历史文本，还是现实层面，基层劳动者的实践、理性[①] 都是“化”学进程中不可或缺的重要力量，而这正是本书的主要叙事表述手法。

同时，中观层面的“整体性村庄”也是本书的关键考量点。关于村庄在工业化和现代化进程中的命运，过去一直存在“村庄共同体”“终结”或“再生”的讨论，强调重视“村庄共同体”的研究认为，即使村庄已结合于大的贸易体系或上层的行政体系，农民仍有“只以村庄整体成员的身份和意识作出行动”的可能。持有“村庄共同体”异议的学者，虽然强调村庄内部利益的不一致性和分化的作用，但仍对村庄作为独立的基本生活单位和在基层社会文化网络中的作用，给予了足够的重视。地方工业化、市场化和现代化在村庄的演变并没有从根本上改变村庄作为农民经济生活和社会生活的基本范围和组织的重要性地位。特别是将时空拉近到近十余年乡村变迁的现实背景中时，一方面，村庄与外部社会体系联系加强；另一方面，村庄的内向聚合力和自主性也在不断加强，内外并存，互为补充。这种现象不仅存在于折晓叶研究的“超级村庄”当中，也存在于尚未实现真正意义上的乡村工业化、市场化的村庄中。作为整体性村庄社会，在结构变动的方向上，相当程度地延续着过去的趋势。无论外在的组织形态怎样变化，它都会将村庄社会的自然结构（如血缘和地缘的关系等）引申进新的组织，或者变换了形态却延续

---

① 本书认为，基层的实践，不仅仅是在“支配 — 抵抗”的权力网络下进行，也可以是主体性与外界的互动，是主体性日常生活实践的彰显，而非绝对的抗争。面对市场化、现代化的冲击，村庄不是抵制，而是顺潮流而动，是积极利用自身理性、文化惯习等进行“发展”变迁。

它所规定的基本秩序，或者产生出适应性的功能。①

本书正是在上述三条基线的基础上来讨论村庄转型变迁的过程的，并将村庄作为空间或布迪厄所讲的“场域”，通过口述者的回忆还原聚集其中的国家、市场、大社会如何以矿产资源为媒介与主体性存在的“村庄 — 村民”发生互动碰撞甚至融通，探究各种力量之间的博弈以及由此构建的循序渐进的转型进程和动力机制，试图在过程性描述中以主体实践如实呈现村庄转型的具象（见图1–1）。

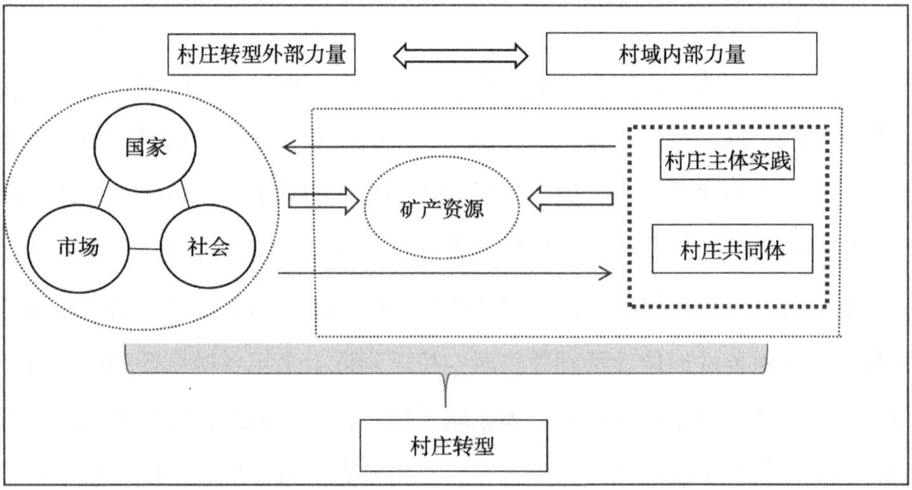

图1–1　分析框架图②

① 折晓叶：《村庄的再造：一个“超级村庄”的社会变迁》，北京：中国社会科学出版社，1997年，第13 ~ 15页。

② 在本书中，国家、市场、社会既作为外界力量，也作为内部力量，在村域转型过程中，将其视为嵌入村庄空间内部的要素，意即在大的村域空间中，发生了村庄与它们的碰撞融合。

第四节　研究社区与研究方法

一、研究社区：晋西的一个“跨界”村庄

在山西省中西部有一个县级市X市[①]，地处吕梁山脉中段东麓，汾河中游西岸，晋中盆地之西南隅，全市总面积945.8平方公里。市内主要地貌有山地、丘陵、平原，地势由西北向东南呈缓倾单斜态，山地和丘陵占全市面积的62.37%。境内多季节性河道，均属汾河水系，平均地面水径流量为3491.2万立方米，地下水资源平原区可开采量为4358.8万立方米。全市水资源总量为7850万立方米，人均占有量217立方米，仅为全省的38%，全国的8.3%，水资源匮乏是该市经济发展的制约因素之一。属暖温带大陆性半干旱半湿润气候，年平均气温10.3℃，年平均日照时数2580小时，平均降雨量474毫米。

X市于1992年撤县设市，目前全市辖7个镇，5个乡，5个街道，共379个行政村，51个社区，总人口49.02万人。矿产、农产品加工等是市内的主要经济支柱产业，2016年全市国民总收入338.8亿元。这里素有“三晋宝地”之称，矿产资源丰富，尤以煤、铝为最，是全国第一批50个和全省35个重点产煤市之一，也是国家铝工业的主要开发基地。境内煤炭资源是霍西煤田的重要组成部分，煤炭探明储量70.6亿吨，远景储量90亿吨，储煤面积为

① 遵照学术惯例，本书对相关地名进行了技术处理。资料来源可参见：X市地方志编撰委员会：《X市志》，北京：海潮出版社1992年；X市地方志编撰委员会：《X市志（续）》，太原：山西古籍出版社，1996年；X市2017年政府工作报告。

783.5平方公里，占境域总面积的82.8%。铝矿探明储量2.6亿吨，约占全省储量的18%。境内铁矿石属沉积型，类型单一，通常称为“山西式铁矿”，其分布大体与铝矿相当。有矿床8处，累计探明储量1964.3万吨，其中85%的含量集中在西河底矿区，矿石品位在31% ~ 60%之间。此外，耐火黏土、白云石、石膏、瓷土、硫铁矿等矿产资源储量丰富，极具开采价值。

Q镇位于X市西部山区，距城区25公里，总面积76平方公里，耕地面积28622亩，林地面积61526.55亩。全镇辖35个行政村，3个居民委员会，总人口41585人，其中农村人口20947人，劳动力人口10486人。Q镇矿产资源丰富，主要有煤、铝、铁、石灰岩等，尤以煤炭、铝矾土品位较高、储量丰富，为D铝厂主采区，有各类工矿型企业44户。①

在Q镇西部12公里处有一个特殊的跨界村庄 —— 窑村，在籍人口约650人，计218户，共有土地面积约6600亩，耕地面积约2630亩，占总面积的40%。② 之所以称之为“跨界”村庄，有两方面的原因：第一，窑村不是一个独立行政村，而是由三个空间距离贴近的村庄组成的，分别是安村、瓦村和师村（地理位置见图1-2）。三个村庄既是自然村，也是行政村。历史上，三个村的祖先于明代正德年间先后定居此，守望相助500多年，虽不在一个“村名”下生活，但胜似一个村庄共同体。1958年实行人民公社制度，三个村庄与靠北的另一个自然村（沿村）共同组成了窑村生产大队，接受Q人民公社管辖。1981年土地使用权下放，土地承包到户。1984年实行乡村制，各自成立村民委员会，分别设立村主任和村支书，村庄行政边界、

① Q镇资料来源于Q镇办公室资料2015年汇编。

② 资料来自窑村村委。实际数据可能有一些出入。三个村庄中，瓦村和师村于1987年被国家征地，据当时瓦村村主任（GXY20160806）和师村村主任（HJG20160810）的口述回忆，瓦村征地700亩，征地后剩余27亩多，师村征收570多亩，剩余14亩多。根据征地协议，D铝厂挖矿结束后要复原土地并将土地返还给村集体，因此，总土地面积是历史意义上的统计，即该数据是1981年土地使用权下放时各村统计得出的，包括耕地和山地等。

地理边界获得明确划分。1987年窑村土地被大型国企D铝厂征收，瓦村和师村村民户口由农业转为非农业，村民委员会改为居民委员会，安村由于剩余耕地超过地方规定的56亩没有实行“村改居”，还是农业户籍。实际上，“窑村”是一个由三个发展历史、生活生产实践相同但行政属性相异的村庄组合的整体性概念，既具有天然同质性，更具有跨越村庄边界的异质性。第二，作为资源型村庄，窑村在变迁中逐渐成为一个超越边界的村庄社区。围绕铁矿、铝矿而兴起的企业和生产组织形式已经在村域内外创造了新的经济领域，人们通过“私自挖掘”、联合办厂、购车跑运输、雇佣“工人”①等经济活动整合了村庄内外各类资源，型构了一个庞大而简单的“市场经济”社区；通过外来人口在窑村的聚集，迅速实现了本地人与外地人在时间、空间上的开放整合，不同地域观念、思想、习俗的碰撞与交流构筑了一个“多元文化”社区②；村际间的姻亲、信仰、祭祀在村庄经济边界扩大后变得更加繁杂，跨镇、跨市甚至跨省的通婚被村民接受并日趋普遍化，一个开放的“心理社区”正在形成；此外，在矿产资源开采过程中，窑村同时也是一个传统与现代互融互构的社区，在现代性大行其道的时空中，亦可窥见传统性抗争的踪迹。概言之，窑村已然不仅仅是一个地理学存在，更是一个囊括变与不变、现代与传统、小农经济与市场经济的跨边界社区。

---

① “工人”在当地的语境中，等同于外地来本村从事挖矿的人，这些人或受雇于当地村民或与当地人进行合作共同挖掘矿产。

② 在窑村挖矿最盛行的时候，外来人口（主要来自四川、河南、云南、陕西、河南、贵州等地）的数量一度超越了本地村民，通过饮食、语言、人际等的互动，实现了多种区域文化共存。

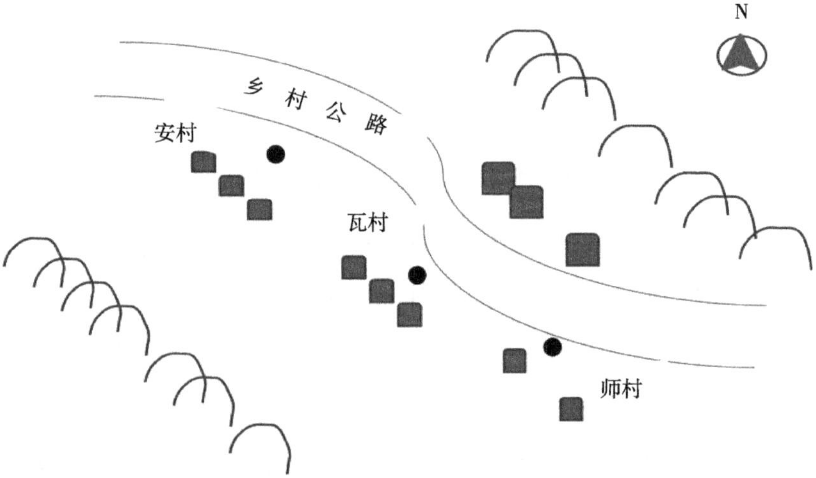

图1-2 窑村三个村庄平面分布图

窑村包括三个村庄。其中瓦村在籍人口为252人，计83户，在外工作人员有110人左右，主要由郭、侯、张三姓组成，其中郭姓人口约占78%，张姓人口约占8%，侯姓人口约占14%。师村，古称千家庄，乾隆年间更名为师村，在籍人口178人，计56户，主要由侯、吴、杜三姓组成，其中侯姓人口约占73%，吴姓人口约占22%，杜姓人口约占5%。安村，古称募掌村，乾隆年间更名为安村，在籍人口220人，计79户，在外工作人员280人左右。主要由侯、张两姓组成，其中张姓人口约占86%，侯姓人口约占14%。明清两代窑村实行里甲制，郭姓为俄必里四甲，张姓为俄必里七甲，侯姓为俄必里六甲。民国时期实行闾邻制，100户以上为一编村，25户为一闾，5户为一邻。抗日战争、解放战争期间实行区村制，归X县第五区管辖，区公所设在郭村（现属J县），中华人民共和国成立初期实行乡村制，隶属西河底乡管辖，之后，历经互助组、初级社、高级社，直至1958年实行公社化，与沿村组成窑村生产大队，归Q人民公社管辖；1981年土地使用权下放，土地承包到户，1984年恢复乡村制，各自成立村民委员会，归Q镇人民政府管辖。

窑村系黄土丘陵地貌，平均海拔高度为1250米，属暖温带大陆性季风气候，年平均降雨量在450毫米上下，无霜期为170天左右，四季分明，昼夜温差较大。农作物以小麦、玉米、高粱、谷子、荞麦、莜麦以及多种豆类杂粮为主，树木品种较多，以核桃树、梨树、枣树、桃树、杏树、槐树为多，尤以盛产核桃而闻名遐迩，核桃树在历史上曾是村民的重要经济来源。地下矿产资源丰富，主要矿种有铝、铁、煤，不仅储量大，而且品质优。

窑村有两座古庙，分别位于瓦村和安村（见图1–3）。瓦村村东口的古庙，俗称山神庙，该庙始建年代不详。据庙碑记载，曾于清咸丰己未年（1859）维护修葺，庙碑落款处写有“咸丰岁次己未年孟夏上浣之月穀旦”字样。庙堂坐西向东，东西长3.88米，南北宽5.66米，占地面积为22平方米，庙里有古碑一通，为1859年所立，距今150多年。安村村东南的古庙，俗称观音堂，始建年代不详。据庙碑记载，曾于清乾隆辛酉年（1741）、咸丰己未年（1859年）两次维护修葺。庙堂坐东向西，东西长14米，南北宽15米，占地面积为236平方米，年久失修，堂院内仅存正殿和北配殿，正殿为砖砌拱券窑洞3孔，供奉观音菩萨，北配殿为双开间，供奉龙王爷，院内还有石碑3通，其中两通为清代两次修葺古庙记事碑，另一通为1923年整理村范禁约记事碑。

图1–3　山神庙和观音堂

改革开放以来，窑村经济有了较大发展，村民居住条件有了很大改善。从20世纪80年代末至21世纪初20多年来，陆续新建窑洞425孔，居住平房40间，集体办公小二楼1座，办公平房7间。架设了高压线，修通了水泥路，购置了磨面机、碾米机、汽车、拖拉机。大约40多户村民在X市区购买了楼房，60%的村民还买了小轿车、货运车等。可以说，用“巨变”来形容窑村三十多年的变化最贴切不过了。如果将窑村放置在一个大的资源型空间背景里，我们发现除了地理区位风土人情的差异外，窑村就是一个普普通通的资源型村庄。但是，若从村庄内部向外看，以村民自己的眼光审视，窑村承载了他们太多的故事与回忆，而这些构成了轰轰烈烈中国大转型故事的生动注脚。

二、我与窑村

窑村于我而言，是一个既熟悉而又陌生的世界。

熟悉在于窑村中的瓦村是我出生的村庄，我的童年生活是在瓦村度过的，我的二姑早年嫁入安村并一直生活在安村。此后虽因父母做生意的缘故而离开村庄，但高中之前的每年夏天我几乎都会回到安村二姑家小住，与儿时的小伙伴一起在瓦村的河塘里嬉戏玩耍，在山神庙和观音堂前“探险”，穿梭于安村、瓦村、师村勾连的山路上，享受山村生活的宁静与无忧无虑。

陌生于窑村的变化。2002年大学第一个暑假回安村二姑家小住，从Q镇下火车，坐上当地“面的”[①] 一路坎坷前行，12公里的路程感觉走了很长时间。沿途看到的只有两种风景：一辆接一辆的运矿大卡车和路边光秃秃灰

① “面的”是当地人对面包车的称谓，常被作为“出租车”使用，没有办理正规的营运手续，所以官方语中也称为“黑出租”。

溜溜的山脉丘陵。水泥公路上扬起的灰尘夹杂着矿石和尘土的气息透过车窗挤了进来，瞬间覆盖了整个车厢。本以为是绿树葱茏的夏天却弥漫着秋冬的消沉与落寞，唯一给人活力的只有汽车疾驰而过的声音。当时莫名的失落与陌生感冲上心头，“这还是我熟悉的窑村吗？”历经1个多小时的车程，村庄终于映入眼帘，从最南边的师村开始，运矿车络绎不绝，路上行人戴着头盔，肩上扛着石锤、铁锹、十字镐、平车[①] 等工具，三五成群，说着非本地的语言。到了安村村口，我一路小跑着向二姑家走去，时不时左顾右盼看看远处的山，银白色和红褐色成了主色调，绿色反倒变成不起眼的配色。在二姑家小住的日子，算是对窑村第一次重新认识。带着小时候的熟稔，每天与村里人“拉家常”，大家对我还有些印象，加上大学生身份，所以能够无所不谈。在1个多月的时间里，我初步了解了窑村近年来的变化，因铁矿石、铝矿石的发现以及挖掘，不少村民已经放弃了种地的营生，开始三三两两合伙挖矿、卖矿，有些能耐大的人则与外地有钱人合作开选矿厂（对矿石进行初加工）。“矿”已经成为窑村人生活、生产的重要组成部分。

此后，由于在外地求学的缘故一直未能再次回到窑村，但窑村以及窑村的“变故”始终萦绕在我的心中。2008年暑期，借着研究生实践任务，我重新回到了窑村。相较2002年，窑村又发生了更大的变化。首先是村庄里的“非本村人”更多了。傍晚时分环绕村庄走一圈，不同口音（四川话、山东话、河南话、陕西话以及山西其他地方的方言等）的人随处可见，如果不是身边本村同伴的指引，我可能会有“不知身处何处”的错觉；其次是村庄的新建住房更多了。村庄呈现出新房与旧屋两种建筑风格鲜明对比的空间布局，与过去窑洞不同，新房多以平房形式出现，贴满白色瓷砖的外墙和前后院落彰显了村庄“新”的审美趣味。新房居住者皆为本村村民，外来人口则

① 这些工具的名称是二姑后来告诉我的，起初很多叫不上名来。

居住在旧屋之中；第三个变化是村庄变成了如集镇（在功能方面）一般的存在。村庄犹如一个大市场，粉矿厂、矿物加工厂、房屋租赁、小商店、小饭店、小旅店、录像厅、理发店、小诊所、汽修厂等都出现在村庄中，多种营生方式并存促使我不得不重新审视这个小村庄。而且，在村民的日常生活实践中，寒暄问候语也发生了变化，“新的矿口什么时候能见到矿石?”“铁矿石的行情会不会有波动”等取代“吃了吗？作甚的咧?”[①] 成为村民日常打招呼和议论的话题。后来我带着这份疑惑和好奇，先后于2016年8 ~ 10月、10 ~ 12月以及2017年12月、2021年7月重返窑村，以正式研究者的身份在窑村居住达半年之久，较为深入地了解了矿产资源与窑村的“前世今生”，相对完整地捕捉到了村庄因矿产而发生的“巨变”。

三、研究方法

本书以实地研究为主，以参与观察和深度访谈对资源型村庄转型过程进行动态追踪观察，在收集资料的基础上对资料进行定性分析。具体如下：

（一）参与观察法。参与观察法是研究者进入研究对象的生活或工作中，参与他们的生活和工作，在参与过程中观察研究对象的各种行为及其变化情况。[②] 观察者带有明确的目的，用自己的感官去直接有针对性地了解正在发生、发展和变化的现象。我每次在窑村居住一个月以上，较为详细地观察了村民日常生活生产情况；跟着亲戚参加村民红白喜事、去集市赶集，了解了村民的仪式与部分消费行为；在村小卖铺、饭店、卫生所、村办公室等场所观察村民谈话、村民与外地人沟通的过程；跟随儿时玩伴跑运输，观察了村

① 当地方言，“干什么去”的同义语。

② 郑杭生：《社会学概论新编》，北京：中国人民大学出版社，2013年，第90页。

域之间的矿产买卖行为。

（二）深度访谈法。通过与社区人员进行深层次的交流与沟通，了解不同行动主体对于矿产与村庄变革的理解和认识。主要包括三类人：一是村庄村民，他们是村庄转型变迁的参与者和亲历者，通过与他们的非结构式访谈，获取了大量信息；二是Q镇领导、村干部和选矿厂负责人，作为转型的主要知情人，他们更多参与了各类资本与资源的交杂互构，通过与他们的多次谈话[①]获取了一些关键性资料；三是外地人，他们既是村庄转型的“主体性”存在，又是村庄的“他者”，他们所提供的信息往往具有不同于当地人的异质性特征，可以很好地补充调研资料。由于大量访谈是在2016年做的，当时村中外地人已经为数不多，所以与外地人的交谈主要通过“滚雪球”的方式进行，即一方面与尚未离开的外地人沟通，通过他们电话联系其他在窑村挖过矿产的人，另一方面通过村民获取外地人联系方式[②]，尝试捕捉更多的信息资料。

（三）口述研究。本研究所考察的是资源与村庄转型的动态发展过程，历时30年，大部分资料没有文字记载，通过村民口述的形式对其进行历史性还原，可以了解村民的心理变迁。从某种角度看，村民的心理变迁史亦是一部村庄变迁的历史。

正如前面所言，本书的研究对象——窑村——对于笔者而言，既熟悉又陌生，是一个本地人研究本地人的课题，如何保持足够的敏感性顺利进

① 与这些人打交道非常难，防备性、官话、大话特别多，笔者因此通常采取磨时间、“套亲戚”“多次踏入家门”等迂回方式与其沟通。

② 在近30年的挖矿历史中，很多村民与外地人建立了友好关系，通过他们可以获悉大量外地人信息和联系方式。

入田野并科学分析素材是值得审思的问题。[①] 早期人类学者强调异文化的研究，因为运用“自我”与“他者”的比较性眼光，容易产生学术敏感。但是对于本土文化而言，研究者会因其“身临其境”而不自觉漠视或淡化某些需要关注的问题。特别是像本研究中的窑村，在较为熟稔的村域空间内游走，与相对熟悉的村民进行沟通，一次接一次的日常沟通犹如见面询问“吃了没”一般，极易陷入“深入性”很强的“假象”当中。如何做到“我”与“他者”有效的互动交往，进而科学组织经验材料，需要深度个案研究，即在田野点长期居住（深度在场），通过深描[②] 田野经验获取经验背后的意义结构。在前后累计近1年的窑村生活体验中，较长的纵向时间跨度和时间积累，使我能够对村庄变迁以及村民日常生活实践有较为深刻的认识和理解。同时，窑村由三个村庄组成，虽然发展轨迹、生产生活实践具有共同性，但也存在差异性。比如，瓦村和师村在1987年被征地后，村民身份由农业人口转为非农业人口，所剩耕地不多，征地带来的不仅是身份的转变，更引发了村民心理、生活、生产等一系列的变迁。相反，征地很少的安村则没有这种波动。同样的差异也存在于瓦村和师村之间，村庄治理者能力、矿产资源禀赋等都会造成二者发展过程的不同。因此，区域比较研究 —— 韦伯意义

① 实际上，国内许多研究都是“土著”研究“土著”的典范，即将研究的地点和对象选在自己家乡。如费孝通的《江村经济》(2012)、杨懋春的《一个中国村庄》(2001)、阎云翔的《礼物的流动》(2017)、林耀华的《义序的宗族研究》(2000)等。选择家乡或自己生活熟悉的地方作为研究单位，有一些好处，比如林耀华选择义序作为调查点的原因：“作者闽人，生长于闽地，闽俗习惯，早已娴熟，行动不致与习俗冲突，言语又不会发生龃龉……且距作者家居不远，气息相通，调查方便。”(参见林耀华：《义序的宗族研究》，北京：生活·读书·新知三联书店，2000年，导言：第2页。)

② “深描”首先由格尔茨引入人类学理论，并成为阐释人类学的理论基础。它指一种区别于浅描的照相机式的研究方法，其核心特征是以扎实厚重的经验描述为基础理解某一文化的内部意义结构。参见[美]克利福德·格尔茨：《文化的解释》，韩莉译，南京：译林出版社，2014年，第3～39页。

上对单一社会内部发生的不同事实所进行的比较——在窑村成为可能，而这种比较亦是一种独特的“他者”的眼光。

本研究旨在透过对资源型村庄窑村的转型过程分析以获得改革开放三十多年中国乡村变迁的“片面的深刻”，采用的是个案研究或社区研究的方法。受马林诺夫斯基功能主义人类学的影响，20世纪30年代，吴文藻（1988）、费孝通（1998）等人提出了“社区方法论”，主张以“社区”为基本研究单位来了解中国社会，并将“社区”单一地界定为“村落”，如费孝通认为，“无论出于什么原因，中国乡土社区的单位是村落，从三家村起可以到几千户的大村”①；“其特征是，农户聚集在一个紧凑的居住区内，与其他相似的单位隔开相当一段距离（在中国有些地区，农户散居，情况并非如此），它是一个由各种形式的社会活动组成的群体，具有特定的名称，而且是一个为人们所公认的事实上的社会单位”②。村落社区研究由此成为中国农村研究的经典模式。③虽然社区研究方法从一开始便受到各种质疑，如Leach教授提出“中国这样广大的国家，个别社区的微型研究能否概括中国国情?”④弗里

① 费孝通:《乡土中国》，北京：北京大学出版社，2012年，第12页。

② 费孝通:《江村经济》，北京：北京大学出版社，2012年，第10页。

③ 例如：杨懋春的“台头村”、林耀华的“义序”和“黄村”、杨庆堃的“鹭江村”、陈佩华等的“陈村”、黄树民的“林村”、王铭铭的“溪村”、阎云翔的“下岬村”等。参见[美]杨懋春:《一个中国村庄：山东台头》，张雄、沈炜、秦美珠译，南京：江苏人民出版社，2001年；林耀华:《义序的宗族研究》，北京：生活·读书·新知三联书店，2000年；林耀华:《金翼：一个中国家族的史记》，北京：生活·读书·新知三联书店，2015年；C.K.Yang.*The Chinese Family in the Communist Revolution*，Harvard University Press，1959；A .Chan，R .Madsen &J.Unger，*Chen Village*：*the Recent History of a Peasant Communist in Mao's China*. Berkeley ：University of California Press，1984；黄树民:《林村的故事：1949年后的中国农村变革》，素兰、纳日碧力戈译，北京：生活·读书·新知三联书店，2002年；王铭铭:《社区的历程：溪村汉人家族的个案研究》，天津：天津人民出版社1997年版；阎云翔:《礼物的流动》，李放春、刘瑜译，上海：上海人民出版社，2017年。

④ 费孝通:《江村经济》，上海：上海人民出版社，2006年，第251页。

德曼认为，不能以村庄研究的数量而“堆积出”一个中国来。[①] 施坚雅则以四川实地研究为基础提出以集镇为单位的市场体系分析范式，认为集镇而非村落是研究中国农村社会更为合适的基本单位。[②] 但是后来的研究在尝试超越村庄社区或进行类型比较研究的同时仍然认可村落社区研究的价值。正如吴毅所言，“衡量个案研究的价值，并不在于要以个案来寻求对社会之代表性和普遍性的理解，而是要以个案来展示影响一定社会内部之运动变化的因素、张力、机制与逻辑”[③] 。或许，个案研究的价值还在于“这样的结论可以用作假设，也可以作为在其他地方进行调查时的比较材料。这就是获得真正科学结论的最好方法”[④] 。

此外，微观视角也是本书的主要研究角度，布劳在《社会生活中的交换与权力》中提出，“微观视角从近距离研究社会互动，有时候不能看到它的更广阔的结构背景，但它更为全面地揭示了人类关系的微妙和复杂之处”[⑤] 。本书意在从村庄内部审视矿产资源与窑村转型的关联，以“身体在场”的事件参与者共同型构的具体情境为场所，阐释作为挖矿主体的行动者如何从被动卷入到主动参与、直至最后进行各类利益争取活动的全过程。这一过程既是主体转型的过程，同时也是村庄转型的过程。在具体研究进路方面，主要采用孙立平“过程 — 事件”的分析策略。“过程 — 事件”分析力图将所要研究的对象由静态的结构转向由若干事件所构成的动态过程。一个完整的研

---

① 转引自：刘朝晖：《村落社会研究与民族志方法》，《民族研究》2005年第3期。

② [美]施坚雅：《中国农村的市场和社会结构》，史建云、徐秀丽译，北京：中国社会科学出版社，1998年。

③ 吴毅：《小镇喧嚣 —— 一个乡镇政治研究的演绎与阐释》，北京：生活 · 读书 · 新知三联书店，2007年，第182页。

④ 费孝通：《江村经济》，北京：北京大学出版社，2012年，第11页。

⑤ [美]彼得 · M · 布劳：《社会生活中的交换与权力》，李国武译，北京：商务印书馆，2013年，第13页。

究包括描述与分析两个层面，研究者要通过描述再现事件的原貌，通过分析解释事件发生发展的逻辑。过程分析的基础是对于描述方式的强调，即强调一种动态叙事的描述风格。① 本研究重在关注、描述、分析窑村发展史上重要的事件与过程，在扩展追踪相关逻辑事件的基础上，从当事人的观念、态度和动机中去了解这些变化，进而把握村庄社会结构和社会过程的转型与变迁。

第五节 相关概念与表述框架

一、相关概念

（一）转型

在新版《新华汉语词典》中，"转型"指的是社会经济结构、文化形态、价值观念、生活方式发生转变，英文世界中则指的是人或事物发生的整体性改变。② 文军、王谦认为，发展和转型是社会变迁的具体面相和概念分析工具，发展是有方向的转型，转型是转变之下的发展。他们从现代性的三个维度比较说明了发展与转型的内涵。一是从现代性的时间维度看，"发展"凸显了社会变迁中现代性的线性展开逻辑，更强调时间上的先后性与连续性；"转型"则强调现代性非连续性或断裂性的一面。二是从现代性的制度维度看，"发展"强调现代性制度性运行中稳定的一面；而"转型"则强调

① 清华大学社会学系主编：《清华社会学评论特辑》，厦门：鹭江出版社，2000年，第8页。

② 参见《新华汉语词典（最新修订版）》，商务印书馆国际有限公司，2014年，第264、第1278页。

现代性制度运行中相对不稳定的一面；三是从现代性的精神维度看，现代性的反思精神始终贯穿于“发展”和“转型”的研究中，只是“发展”存在单向度倾向和在反思现代性上的不足，在价值取向上偏重片面理性化、普遍主义与整体主义；而“转型”则侧重中性倾向，在价值取向上更具差异性和多元性。[①] 在本书中，“转型”表征三个层面的意思：（1）转型是事物性质整体性的转变与变迁；（2）转型既可以是结果，也可以是过程或阶段，是一个蕴含过去、现在、未来的动态过程；（3）转型运行的轨迹可以是线性的，也可以是非线性的，是一个囊括前进、倒退、发展、不发展的综合体。

（二）村庄转型

根据王萍的概述，所谓村庄转型，指的是从一种组织形态到另一种组织形态的质性的变化。西方国家的乡村转型是因资本积累的地理学变迁而产生的社会空间结构的横向瓦解和重新组合，是从生产主义到后生产主义的转型。而中国由于村庄多面性的特征，必然会出现不同于西方国家的转型。她从村庄与市场、村庄与国家、村庄与城市社会三大维度，提出村庄不同层面性质上的根本转变。（1）从经济变迁的维度看，村庄会出现从农业集体经济组织向某种不确定的社区经济组织的转变；（2）从社会文化重组的角度看，村庄将会从传统的地域型社区向现代的功能型社区转变；（3）从国家角色的再调整看，村庄会从国家的治理基层单位向国家与社会共同治理单位转变。[②] 简言之，村庄转型表征的是村庄整体的运行现状和轨迹，是对村庄变化特征的根本性描述。

---

① 文军、王谦：《从发展社会学到转型社会学：发展研究学科范式的新探索》，《江海学刊》2017年第1期。

② 王萍：《村庄转型的动力机制与路径选择》，浙江大学博士学位论文，2013年。

（三）资源型村庄

参照赵康杰关于“资源型地区”的界定，即“资源型地区”指的是“以矿产、能源、林木等自然资源开发与利用为基础，形成了资源及相关产业为主导的经济体系，是资源型经济特征较为典型的区域”[①]，本书将“资源型村庄”界定为：具有矿产、能源、林木等自然资源禀赋，且因资源开发而引发变迁的村庄。

二、表述框架

本书共六章，除本章导论和总结（第六章）外，主体论述分为四个部分，以村庄的转型过程为核心，分别从矿产资源（主要是铁矿）“入场”“在场”“退场”“后矿产时代”四个历时角度对中心问题进行叙事讨论，[②] 具体结构如下：

第一章：导论。主要说明本研究的问题意识、研究意义、相关文献、理论视角和分析框架、研究社区概况和研究方法，基于“国家 — 市场 — 社会”的“结构 — 功能”外部视角，提出从村庄内部、村民日常行动实践的“过程 — 事件”角度，从底层实践的视角来理解村庄转型。

第二章：“矿产‘入场’：被卷入转型（1986 — 1989）”。主要呈现D铝厂“征地”带来的村庄变化图景。因蕴藏丰富的铝矿资源，村庄大量土地被征收，引发农民身份“终结”、农业“去农化”与“半农化”、村庄边界

① 赵康杰：《资源型地区农村可持续发展的制度创新研究》，北京：中国财政经济出版社，2014年，第8页。

② 本书中的“场”意指村庄的生活、生产世界，“入场”表征作为客观对象的矿产资源开始走进村民的生产生活世界，“在场”表征矿产资源“登堂入室”持续影响村民的生计、生活，“退场”表征以矿产资源为主的生计方式退出村庄世界。

“震变”以及矿石认知的市场化转变。“征地”一方面表征在国家、市场等外部力量的冲击下，村庄直接或间接被卷入转型；另一方面标志着矿产资源正式“登堂入室”，即进入村民的生产生活世界，村庄围绕“矿产资源”开始了市场化、工业化转型实践。这个过程中，国家、市场以及现代性等对于村庄转型变迁起着至关重要的作用，对于村庄而言，既是支配性的进入，也是被卷入的进程。

第三章：“矿产‘在场’：‘主体性’实践转型（1989 — 2012）”。本章主要呈现矿产资源在场时的村庄转型。伴随D铝厂大规模开采矿产资源进程的推进，村民对矿产资源价值的认识发生了变化，开始主动寻求以矿产资源为核心的生计转型，并引发村庄社会的转型。长达23年的时间可以划分为三个阶段：一是村庄的再组织（1989 — 1991）。这个时期，窑村探索兴办村集体铝矿石加工厂，以征地补偿款作为启动资金，以村集体土地作为建厂场地，以“能人”带头、“集体化”运作为经营模式，但由于未能构建良性运转秩序，最终以失败收尾；二是村民的个体实践（1991 — 2008）。经历了村庄集体化探索，村民的自我主体性进一步激发，“靠山吃山，靠水吃水”的生计逻辑在这个时期得到充分彰显。一方面围绕D铝厂开展了多种形式的个体小商业活动，包括房屋租赁、小卖铺、饭店、理发店、汽车修理厂等，村域依附性经济格局逐渐形成；另一方面是个体矿产经济兴起，包括开办个体铝矿石加工厂、铁矿石粉矿厂（当地称之为“铁厂”）、矿产运输车队（包括个体运输）以及小范围的“地下经济”（与之相伴而来的还有大量外来人口聚集引发的村庄人口结构多元化以及富有村域特色的合作雇佣关系等带来的副业经济扩大化），村域矿产资源型自营经济同步形成；三是村民的职业分化（2008–2012）。伴随国家政策调整、市场需求以及D铝厂采矿区域转移等变化，依托于矿产资源的依附性经济、自营性经济和“地下经济”逐渐萎缩甚至消失，在此过程中，村民围绕矿产进行了职业再分化。在整个历时性阶段，国家是始终在场的，工业市场的力量对于村庄变迁的影响是巨大的，村庄围绕矿产资源进行的主体性探索囊括主动与支配双向融合的过程，是乡土逻辑与市场逻辑“不谋而合”的结果。

第四章：“矿产‘退场’：从‘矿’村到‘农’村的演化（2012–2017）”。本章呈现经历近30年以矿产资源为媒介的现代化、市场化、工业化变迁实践后的村庄状况，主要包括三个方面内容：一是村庄“去矿产化”与村民生计转型；二是职业、身份与空间重组；三是“乡土性”的变迁与重构。从“矿村”到“农村”的演化，不是回归过去，表征倒退，而是村庄变成了乡土性与现代性交织的“新农村”。

第五章：“‘跨界村庄’：从‘农’村到‘城’村”（2017–2020）。”主要呈现2017年后进入跨界村庄（“农”村到“城”村）的图景。主要包括三个方面内容：一是跨界村庄的诞生；二是城市空间的生计方式；三是空间再造与村庄转型。空间再造进一步推动了窑村向兼具“城市性”和“乡土性”的现代化乡村迈进。

第六章：“结论与讨论。”本章是对通篇的总结与反思。主要有两个方面内容：一是试图建构资源型村庄的转型逻辑，资源在村庄转型中是不可忽视的媒介，村庄转型既是国家、市场、社会等外部力量推动的结果，也是村庄围绕资源禀赋进行主体实践的结果。在村庄场域中，卷入、支配与实践有效融通，建构了村庄转型的动力机制；二是乡村振兴与新村庄转型。在新社会转型（或新村庄转型）视角下，探讨乡村振兴战略的连续性和目标性。对于三十多年资源型村庄的变迁分析，不仅阐释了转型的循序阶段和内部动力机制，更为乡村振兴大战略下实施乡村再转型——良性的现代化转型——提供了基点，有助于消弭前一阶段转型的“负效应”，确保村庄现代化发展进程。

第二章　矿产“入场”：卷入转型（1986–1989）

对于资源型村庄——窑村——而言，作为自然禀赋的矿产是始终“在场”的，是一种自然而然、不言自明的存在。在窑村人的认知世界里，对矿产特别是铁矿的辨识似乎是一件十分容易的事情，和种地、辨别粮食种子一样，是来源于骨子里、血脉中的“天然本领”。在村庄空间中，矿产与土地是共存的，唯一的区别在于，土地是窑村人生计的主要来源，而矿产则更多处于“默默无闻”的物理属性状态，其经济属性并未真正进入村庄视野[①]，或者说市场意义上的矿产从未在村庄舞台上以“主角”的身份展演过。在这个意义上，窑村和广大中国乡村一样是传统的农业型村庄。然而，1986年的“征地”，打破了村庄宁静，巨大储量铝矿石的发现以及采掘极大地勾起了潜藏在窑村人潜意识里“靠山吃山靠水吃水”的生存致富逻辑，“市场

① 实际上，窑村人有挖矿的“历史”。据村中老人讲，在“大炼钢铁”的时候就在村南边自制土炉炼制自己挖的铁矿，铁矿都是在地表浅层挖出来的。人民公社时期，有一段时间生产小队会在农闲的时候安排几个人在村子的东头山坳里挖掘铝矿石，之后送到公社的厂子里出售，收入归集体，挖矿的人根据付出折抵一定工分。但此时的挖矿更多是政治意义上的行为，而非市场行为。田野访谈时，关于这段历史的回忆，村里人仅仅当作一个任务看待，没有与经济进行关联。因此，从这个角度看，矿产一直在场，但经济意义上、市场意义上的矿产却处于“不在场”状态。

中的矿产”[①] 开始进入村庄生产生活场域，以矿产为核心的村庄转型渐渐拉开了帷幕。

第一节　村庄转型时间坐标的建立

费孝通在研究“江村”的时候指出：“我们所研究的单位必须是实际存在的职能单位——村庄……把村庄作为一个研究单位，这并不是说村庄就是一个自给自足的单位。”[②] 实际上，“村庄是在自我与他者互动过程之中建构村庄的‘存在’的，没有他者，村庄就不能成为存在并且自我确认……村庄与外界的一切联系都可以化约为‘村庄与他者’的关系”[③]。换句话讲，村庄是在与外界的不断互动中实现变迁的，在这个过程中，他者的闯入成为村庄转型的契机，而闯入的时间节点则会成为村庄转变的时间坐标。对于窑村而言，1986年的征地即扮演了这个角色。

确切讲，早在1985年秋天的时候，征地工作已经在窑村悄然展开。熙熙攘攘的“外地人”在当地领导和村干部的带领下，在村庄四周“转悠”，村里人三五成群汇聚在“打谷场”[④] 上，以调侃、玩笑的方式议论着。

> 大概是在85年10月底的时候，村里来了很多外地人，隔三岔五来

---

① “市场中的矿产”意指以矿产资源为媒介或客观对象而建构的买卖、流通等市场化逻辑。

② 费孝通：《江村经济》，上海：上海人民出版社，2006年，第13页。

③ 萧楼：《夏村社会：中国“江南”农村的日常生活和社会结构（1976-2006）》，北京：生活·读书·新知三联书店，2010年，第44页。

④ “打谷场”是村中处置小麦等作物的公共场所，同时也是公共生活的空间。

一波，由村干部带着满山遍野地跑。当时正值农闲时分，大家就聚在谷场上，站在谷场上看着对面山上的人。开始我们也不知道是在做什么，有人以为村里发现了“古墓”，但这些后来都被辟谣了。（村民GWD的访谈，2016：8-3）

81年土地下放是村子变动的一年，此后便是85、86年，像咱这山沟里的人没怎么和外界打过交道，最多是和外面来村里修鞋的、“瞎子说书”① 的人有过交流，出去的少，突然一下多了这么多“外路人”，村子里当然好奇热闹了。过去平日里谈论最多的是种地收成多少，这会谈论的是这些人到底要干什么。说什么的都有，村干部每天陪着人家走动，就是不和大家说。（村民GAY的访谈，2016：8-3）

“谷场”作为人民公社时期集体化农业合作的空间，此时更多充当了窑村人“品头论足”的生活空间。在这样的场域中，外地人的“入场”首先冲击的是村庄的公共话语领域，虽然具体“征地”工作尚无眉目，但“转变”已经悄然在每个村民的内心中萌芽发生。

“征地”毕竟是一件大事，窑村村子不大，终究有一天“纸里包不住火”，“好事之人”总是能想到法子打听信息。

① “瞎子说书”是山西民间的一种传统技艺，又称“盲人说书”，一般由四五个人组成，多数操河南、山东口音，其中有一个人不盲，他领着这几个盲人拄着竹竿、木棍步行来到村里，带着上级开的证明，进行说书表演。村干部会安排人帮他们布置说书的场景。在村子里宽敞的巷头（或者是学校操场、打麦场等），摆上两张方桌，依着桌子支起高一点的竿子，在上面挂个大马灯，再在方桌上放两盏马灯，还有灌满开水的暖壶、瓷碗等。说书的盲人，各持一种乐器，或二胡、三弦，或竹板、小鼓、梆子等。他们以说唱为主，乐器弹拨敲打作为点缀。一个晚上，主要说一个故事。

侯牛[①]是最先获得消息的人。我们还在瞎乱议论的时候，他就跟在外地人后边，打听信息。他很聪明，年轻时候下过煤窑，对老祖宗留下的东西很清楚。在多次探听后便在全村四处散播，是国家在咱村子的好几处地方发现了铝矿，要挖掘，来的人都国家的人。之后很多人才明白是怎么一回事。（村民GYG的访谈，2016：8–4）

至此，困扰村民一月有余的“闯入者”事件有了新进展，“铝矿”“征地”等成为他们茶余饭后的新话题。在多数村民的个体回忆中，与“征地”有关的“小道消息”不胫而走，传得“满村风雨”，但涉及具体详情的集体记忆一致显示出“不在场”状态。于是，当问及“当时征地补偿怎么计算?”的问题时，村民们几乎都回答“不太清楚”。而在这个问题上，村庄关键人物——时任村干部HJW、GXY、ZYS——给出了他们的解释。

85年开始征地，86年开始勘探，地质队、测绘队、钻山队都来了，每隔50米到200米一钻，村子里每天都是机器打钻的声音。87年才最后定下来。当时一等地每亩补偿1500元，二等地每亩1000元，荒山荒坡不给钱，地里长草的算作非耕地，所有非耕地都是“白征”，等于是将矿送给铝矿（厂）[②]了。青苗补贴没有多少，生活补偿费不知道以什么基数计算的。师村征地570多亩，给予补偿220多万，包括青苗补助费和人口安置费。当时，我们几个村干部不太同意，因为征地后会涉及好多问题，如吃水、种地、生活、青年就业等。问题反映到市里，市里组织几个部门一起商讨解决。吃水问题，市里负责送，青年就业给指标，

① 在访谈的时候，“侯牛”已经去世，关于他的故事只能听取村中其他人的回忆。
② 村民口中的铝（矿）厂皆指的是D铝厂。

瓦村3个、师村两个就业指标。还有就是瓦村和师村因征地较多，所剩耕地无几，要求全村人转户（农转非）。（时任师村村主任HJW的访谈，2016：8–5、10）

当时征地地界闹不清，铝矿（厂）属于重点项目，都是市里和乡镇的安排，有征地协议，但具体不清楚了。瓦村征地700多亩，说的是耕地，实际上山地、林地等都白白拿走了。当时铝矿（厂）代表国家，属于国家大政，赔偿了青苗费用等，合计约290多万。解决了转户问题，吃了国家供应5年，定期到粮油站领取米面油。由于征地款里有人口安置费，所以就不再安置人口了。后来，经过与师村联合，争取了5个铝矿（厂）招工名额，但都需要通过考试入职。（时任瓦村村主任GXY的访谈，2016：8–6）

我们安村当时被铝矿（厂）征地600亩，在村庄东部，全是好地和沟坪地，钱给了200多万。因为我村原有土地较多，征完以后还有300多亩的耕地，市里规定剩余耕地超过56亩就不能办理农转非和招工，所以我村没有像瓦村和师村一样。（时任安村村主任ZYS的访谈，2016：8–4）

作为村庄征地的全程参与者，HJW、GXY、ZYS较为完整地还原了征地图景。经过梳理发现，村庄从征地中获得：（1）征地补偿款，主要是青苗补偿款；（2）农业户籍转为非农业户籍；（3）安置招工（农村青年进铝厂）；（4）为村庄通电、接自来水。几百万的补偿款在20世纪80年代属于巨额资金，村庄首次感受到了金钱的冲击，这也成为以后尝试转型（如兴办工厂、投资相关企业等）的一个重要因素。“农转非”则是村民身份的巨变，在当时环境下的确属于“大转型”，而恰恰是身份的转变给后来村民生活带来了深刻影响。

按照Lefebvre的说法，这是多主体参与的“空间实践”。但对于普通村民而言，征地带给他们更多是心灵的冲击和被卷入的体验。而且，征地初期带给他们最大的变化莫过于身份的转变和巨额的村庄补偿款，因此在“因矿产而征地”的逻辑关系上，此时的村民更多关注征地而忽视矿产，矿产依然被作为物理属性极强的“他者”。

对于窑村而言，征地让整个村庄变得喧嚣不安。首先是打钻机的声音，此后挖掘机、运输车等以几何级数增长，迅速打破了村庄的宁静。几种现代机械夹杂钻山打炮声共同奏响了窑村变迁的序曲。

第二节　征地后村庄镜像

据村中老人讲，征地前的窑村是一个典型的农业型村庄，土地是村民的命根子，特别是1981年实行家庭联产承包责任制后，突然“失去”了集体的倚仗，每家每户分得的土地更显“精贵”。大家都把精力全身心投入到自己的土地上，细心耕耘，掀起了新一波的种地浪潮。然而，时隔不久的征地却像一股强风从外部生生地打翻了这股浪潮，冲击了村庄与农业、村民与土地的关系，窑村逐渐失去了以农业为基础的空间指涉，村庄进入“非农化”[①] 的

① 关于“非农化”学界有很多研究，大都认可“非农化”是农业社会向工业社会、农业经济向工业经济、农业文明向工业文明的转变过程。王萍在总结改革开放以来中国农村“非农化”研究时发现，农村经济的“非农化”研究是主流，主要从农村劳动力非农化、农村土地非农化和农业生产化三个方面来阐释。参见王萍：《村庄转型的动力机制与路径选择》，浙江大学博士学位论文，2014年。此外，在农村土地、农业、农村劳动力非农化每个方面都有大量研究，此处不再赘列。本章节基于还原历史的维度考量，因此根据口述资料，将窑村“非农化”暂时框于农地和农民身份两个方面，后面将会依据叙事需要进行补充。

轨道。

一、农地“非农化”

勘探完毕后，村庄进入紧张有序的具体征地阶段。据时任瓦村会计GZL回忆：

> 铝矿（厂）的速度很快，市（县）里、乡镇都要求积极配合执行。勘查完后，我们负责提供村庄耕地面积以及人口的资料。征多少、征地范围都是人家划定的。其实，这些数据在乡里、市里都有，我们主要任务是召集通知村民有关事情。人家代表的是国家行为，勘探结束，一两天就告诉我们要征收土地的面积。700多亩，对，我印象当中是这个数，具体亩数忘记了，一下子就拨拉出去了，当时说的是耕地面积，可在实际征地中连地上树木——梨树、桃树、杏树、核桃树等都征去了，包括荒山、荒坡等自留山地也一同征收，这些都没有算在征地补偿范围内，算是白征。87年夏天的时候已经清算结束，村里一合计，拢共剩余耕地不到30亩，农地基本被征收完了，征的地主要用于挖矿。（时任瓦村会计GZL的访谈，2016：8-6）

一方面，国家以法律法规的形式对征地进行了合法规制，从1950年的《城市郊区土地改革条例》、1953年的《关于国家建设征用土地办法》、1958年的《国家建设征用土地办法（修订）》、1962年的《农村人民公社工作条例（草案）》（也称《人民公社六十条》）、1982年的《国家建设征用土地条例》到1986年通过的《中华人民共和国土地管理法》，法律法规不断健全完善。由于未能找到窑村征地协议[①]，推测当时的依据应该是1982年《宪法》第10条“国家为了公共利益的需要，可以依照法律规定对土地实行征用”和1986年通过的《中华人民共和国土地管理法》第23条“国家建设征用土地，被征地单位应当服从国家需要，不得阻挠”等相关规定；另一方面，和中国所有乡村一样，窑村有集体主义和为我国现代化建设贡献力量的优良传统，这种传统塑造他们的视角和态度，使他们的动机和行为易于为社群的所有成员所理解[②]。于是，从上到下、从下到上整体性步调一致，加速了村庄“非农化”的进程。

征地后，安村剩余农地200多亩，瓦村所剩农地为27.5亩，师村更少，只有5.7亩，除安村外其余两村剩余耕地远远不能满足村民的种地需求。与此同时，另一个较为棘手的问题出现了，但钱“由土地局统一管理，村里使用不甚方便”。

> 铝矿征地的时候，地的钱不多，人口安置费多。钱在市土地局（现国土资源局），不在村集体手里，村里要花钱，还要列出项目，需要上头批。闹不清铝矿（厂）与村子什么关系。价格是铝矿（厂）定下的，村里完全执行。有文件是国家工程，但没见过征地协议。过去政策不健全。（时任师村会计HWH的访谈，2016-8：7）
>
> 当时和铝矿（厂）、市、乡都说过这个事，村里都没地了，今后生活就有了问题。人家给出的答复是，安置费用就是用来解决生计问题

---

① 有意思的是，在访谈中从村干部到村民都说当年有征地协议，但在问及可否查看协议文本的时候，大家都说不清楚。村干部出奇一致地否认村里有协议书，让去D铝厂查看。当笔者试图按图索骥时，同样被拒绝。因此，协议的内容只是根据当事人口述获得。

② Bourdieu，Pierre.*Outline of a Theory of Practice.Cambridge*，England：Cambridge University Press，1977，p.80.

的。村里可以合理处置这笔费用。我们的问题是，钱虽然可以通过打报告拿出来，但毕竟不在自己手中，比较麻烦。于是几个村干部一起合计着在村子西面将未征用的荒地、荒坡拓荒改造为耕地。后来全体村民开了大会，都同意，所以才有了统计上的210亩。这些地重新分配，村民们基本分得了人均1亩左右的土地，后期有些村民自己开垦一些荒地并未统计在内。（时任瓦村副村主任ZNW的访谈，2016-8-4）

和瓦村一样，师村也进行了拓荒行动，大概有163亩，人均接近1亩地，最为关键是拓荒获得的土地收益完全归承包户所有，不需要缴纳农业税，再加上“农转非”带来的米面油供应和过年发放200元到500元不等的“福利”[①]，一定程度上缓解了农地非农化带来的生存焦虑。相反，在当时看来，窑村人过上了富裕的生活，成为远近村庄羡慕的对象。然而，这种“富裕”状况并没有维持很久，在全国市场化、工业化、现代化的浪潮中，不懂管理和经营的窑村人最终没能妥善使用补偿款，所剩耕地和拓荒耕地也不足以让他们致富，甚至一些村民生活在贫困线以下。对于村庄而言，20世纪80年代部分农地非农化在实现土地使用权和所有权的变革的同时，却没有建立新的可预见的生存发展空间，也恰因此，矿产资源成为他们20世纪90年代中后期生计和致富的新目标。关于这部分内容的具体阐释将在第三个章节呈现。

① 米面油等是在农转非以后，享受的国家城镇人口供应。每年过年200～500元的福利，出自征地补偿款，据村民反馈，开始都是500元，持续了大约3年，后来是300元，以后慢慢减少。到1997年左右的时候，由村集体在每年过年的时候发放米面油，现金福利取消。但米面油的实物福利形式也不是每年都有，断断续续发放。

二、农民“市民化”

1958年，我国颁布了第一个户籍管理法规——《中华人民共和国户籍登记条例》，规定“公民由农村迁往城市，必须持有城市劳动部门的录用证明，学校的录用证明，或者城市户口登记机关的准予迁入证明，向常住地户口登记机关申请办理迁出手续”，首次以法律形式限制农民进入城市。与此相伴，“户籍制度不仅有限制人口流动的功能，而且与粮食供给制度、副食品和燃料供给制度、生产资料供给制度、住宅制度、教育制度、就业制度、医疗制度、养老保险制度、劳动保护制度、人才制度、兵役制度、生育制度等几乎涉及全部日常生活的可能条件或曰制度机制都结合在一起，使不同户口类型的人口被彻底分离、彻底二元结构化了”[①]。城乡之间出现了资源分配、机会结构、就业等不平衡问题。因此，从农民到市民的转换成为一些农民梦寐以求的愿望。

和中国其他地区的农民一样，窑村人也有着同样的“市民化”愿望，而1986年的铝厂征地则以政府征用土地的方式帮助他们实现了这个梦想（安村除外）。征地使得传统窑村人“根植土地、囿于土地”的“自由受限”局面瞬间瓦解，借助国家制度性安排，瓦村和师村人实现了农民身份的“被终结”，而由此生发而成的市民化同时也是一种“被市民化”的市民化[②]。

20世纪80年代中后期，在快速工业化的推进下，大量农村土地被政府征用，从而实现国家战略意义上的土地开发。因此，土地使用制度的变更就成

---

① 折晓叶、艾云：《城乡关系演变的制度逻辑和实践过程》，北京：中国社会科学出版社，2014年，第83页。

② 文军对“被市民化”有过系统的理论和实证研究，参见文军：《“被市民化”及其问题——对城郊农民市民化的再反思》，《华东师范大学学报（哲学社会科学版）》2012年第4期；文军：《论农民市民化的动因及其支持系统——以上海市郊区为例》，《华东师范大学学报（哲学社会科学版）》2006年第4期。

为部分资源型地区农民市民化的关键因素。在农民离开土地进行市民化的过程中，政府通过强有力的政策支持（如《土地法》）对农民市民化进行制度性安排。可以说，窑村农民在没有任何心理准备的情况下被纳入市民化的进程中。

当然，在具体“市民化”过程中，村庄也需要发挥部分积极能动性，据时任瓦村村主任GXY的回忆：

> 政府给开了口子，但具体递送资料（农转非申请报告）需要自己跑。听说省里头有200多个村子要解决，我们就找了省里工作的安村人张立邦（化名），他在这个事情上出了大力气，省政府一位工作人员是立邦同事的老公，在他的帮助下，我们顺利将材料送到省粮食厅、土地管理局等部门，半个月就批准了。要是没有人家，估计没这么快，可能还会碰到一些麻烦，因为当时传出消息马上要冻结农转非。转户有依据，要求是1948年在册的，1978年仍然在册的。当时两个村就多出两个名额，其他转户的都是村里人。（时任瓦村村主任GXY的访谈，2016：8-6）

正如孙立平所言：“中国社会转型的一个重要特征就是实践与理论有着明显的偏离，非正式制度的作用更为突出，这样就为普通人在行动中运用技术和策略提供了更大的空间。”[①] 在窑村农转非的问题上，虽然有国家批准，但没有窑村人自己的努力也不容易办成。在这过程中，村庄在外“能人”发挥了重要作用，人情、血情、祖情等非正式关系契约是背后的推力。从这个意义上讲，“一旦有了投资机会和有效的刺激，农民将会点石成金”[②]，他们

---

① 孙立平：《社会转型：发展社会学的新议题》，《社会学研究》2005年第1期。

② [美]西奥多·W.舒尔茨：《改造传统农业》，梁小民译，北京：商务印书馆，2016年，第5页。

将会积极践行主体性的存在，虽然在当时看来，多数村民对于非农业户籍并没有一个清晰的的认知。

> 农村户口的人就是种地，国家的好政策与我们关系不大，承包了土地，但如果不好好种，收成不行，就得饿肚子，听说城里人国家什么都管，多好。这不铝矿（厂）一征地，不要缴农业税，我们也成为城里人了。听村里的头儿讲，当兵、上学都可以享受国家优惠。（村民WY的访谈，2016：8–9）

在这种模糊认知下，瓦村和师村村民根据国家政策顺利“终结”了农民身份，成为非农业户籍，或者说成为村民口中的“市民”。在20世纪90年代，他们逢人便说自己是市民，不是农民，话语当中透着满满的自豪。然而，除了村民委员会改为居民委员会、户口本上农民身份变更为市民身份以及享受了五年的国家粮食供应外，其他并没有发生变化。村民依旧居住在村子里，在很长一段时间里，土地依然是其生存的主要依托（尽管不需要缴纳农业税等税赋），传统的农业思维依旧在村庄生活中占据主导。就农民身份而言，他们没有完全实现所谓的“去身份化”，就市民身份而言，他们也没有实现“再身份化”。[①] 而这些也为后期身份纠结与重建埋下了伏笔。

---

① 李金：《中国社会分层秩序在市场化过程中的变化：去身份化与再身份化》，《学习与实践》2006年第11期。

第三节 分化：村庄“边界”的变动

李培林认为，一个完整的村落共同体，具有五种可以识别的边界：社会边界、文化边界、行政边界、自然边界和经济边界。社会边界是基于血缘、地缘关系的社会关系圈子；文化边界是基于共同价值体系的心理与社会认同；行政边界是基于权力自治或国家权力下乡的管理体系；自然边界是基于土地属权的地域范围；经济边界是基于经济活动和财产权利的网络和疆域。对于传统村落而言，五种边界基本上是重合的，但随着村落的非农化、工业化和城市化，村落的边界也发生了分化，变得不再重合了。①

1984年，窑村恢复了乡村制，成立了村民委员会，归Q镇人民政府管辖，从国家层面上重新明确了村庄的行政边界，加上历史上延续下来的以血缘、地缘关系为基础的村落共同体边界、以土地所属为依据的村庄自然边界和以村籍身份确认为资格的社会边界共同构筑了完整的社区边界。共同体边界等同于文化边界，是深藏于每个村民潜意识中的“心理 — 祖荫”认同；行政边界和自然边界则是显性的区隔，表征“我村 — 你村”“村里人 — 村外人”的区分；而建立在村界基础上的围绕土地使用权归属获得的权益则构成了村庄的经济边界，成为社区内部自我分化的差异标准。

作为内陆型村庄，虽然在开放性、开放度等方面不及同时代的珠三角和长三角区域，但同样受到全国城镇化和工业化影响的波及。与沿海地区不同的是，窑村的变迁以及村界的变动在源头和动力上是由外在力量决定的，这

① 李培林：《村落的终结 —— 羊城村的故事》，北京：商务印书馆，2004年，第39-40页。

也注定了其独特的村界分化特质。

一、缩小的自然边界和“扩大”的行政边界

本雅明在描述19世纪法国首都——巴黎——的时候曾说过：“巴黎这座城市是以奥斯曼赋予它的形状进入这个世纪的，他用可以想象的最简陋的工具彻底改造了这个城市的面貌。”[①] 1986年的窑村同样是在强力的外在力量推动下开始现代化转型之路的。铝厂以“国家”的身份进入村庄空间，颇具科技感的挖掘机、钻山机等工具在短短几年时间内彻底改造了村庄面貌。

和李培林笔下的羊城村、折晓叶的超级村庄、蓝宇蕴的珠江村不同，窑村首先以其丰富的矿产储量而打开村庄边界的限制，首当其冲受其影响的是村庄的自然边界。

铝矿（厂）征地后，村子的土地一下子就少了，原来界线不存在了。我当时前后都跟着，知道哪些地被征了，哪些没有征。村子西北、西南的土地都被征了。按照上面给的数据，村子600余亩的土地就剩下5.7亩。村子除了盖有窑洞的人住的地方、东面的一些荒山之外，都是铝矿的。本来村子面积就小，征完以后就更小了。（时任师村主任HJW的访谈，2016：8–20）

86年夏天我从乡里回到村里接任村主任，开头的工作是由ZWC（前任村领导）管的，征地面积、区域实际上已经差不多了。大致范围我知道，村子东面、东南面、南面基本都被征收了，只剩下西面的部分

① ［德］瓦尔特·本雅明：《巴黎，19世纪的首都》，刘北成译，北京：商务印书馆，2013年，第161页。

土地。具体地界现在不记得了，哪里是村里的，哪里的铝矿（厂）的，当时还清楚，后来就闹不清了，因为人家在哪一片挖，我们不会随时盯着。1992年的时候，有一回我去村东南“丘草洼”走了一圈，发现没有被征用的地方也被挖出来的石头堆得满满的。征的地方和没有征的地方都混在一起了。（时任瓦村主任GXY的访谈，2016：8-6）

作为当年征地的关键人物，HJW和GXY向我们呈现了两个问题，一是村庄原先的土地面积和地域范围大规模缩小；二是伴随挖矿进程的推进以及村庄土地所属主体的多元化，出现了村界模糊。征地一方面通过显规则改变村庄原有边界，另一方面对边界进行模糊化处理，结果就是村庄的实际地域范围越来越小，铝厂的边界范围越来越大，在边界属性上形成了两个不对等的拉扯关系。

自然边界的变动引发了行政边界的变化。虽然征地的主体是村庄，但在具体过程中，却出现了几个不同的参与主体，包括市土地局（现在的国土资源局）、乡政府、铝矿厂等，他们从不同维度介入村庄的行政管理架构中。表面上是乡政府与村庄一对一的关联，实际上是一对三甚至一对多的关系。

征地补偿款和人口安置费是在土地局存放的，没有直接到村集体手中，更没有分到每户村民手里，每次村里要花钱，都要向市土地局打报告申请，人家批了才能使用。虽然当时审批比现在容易，但毕竟多了一些麻烦。（时任瓦村会计GZL的访谈，2016：8-6）

此外，由于挖矿作业在村中进行，很多职工租住在村民家中，村庄行政范围“随着外来人口的剧增、村政建设任务的繁重和村政职能的丰富，也大大地扩张了，涉及聚居在村内的全部人口和单位”[①]。这样，征地诱发了四重主体在村庄空间上的汇聚。对于村庄而言，它需要与各种主体在互动中磨合、合作，更多的时候是服从安排；同时，铝矿厂工人的流入又变相扩充了其行政管辖力，村庄需要在具体事务中对这部分群体在村域内的生活、安全等进行必要的行政约束和规制，于是，行政边界出现了“实”与“虚”、“缩小”与“扩大”的矛盾。外来人口的增加一方面挤压了村庄因自然边界而生成的生产空间；另一方面模糊而多重的行政边界迫使村庄不得不走向开放，但这个过程是缓慢渐进的。

二、内卷与封闭的文化边界和社会边界

自然边界与行政边界的开放与变动无疑会产生“多米诺骨牌效应”，促使村庄其他边界出现或大或小的松动，比如人口流动不仅让外部不同地域文化进入村庄，更无形中为村庄绘制了外面世界的多彩图景，搭建了村庄与更大范围的社会大体系的关联，使其逐渐成为社会大体系的次级结构。但是，正如折晓叶描述的“超级村庄”一样，窑村在加大与外部勾连的同时，在征地初期并没有出现因外部冲击而导致的社会内聚力大规模下降的情形。相反，村庄出现了自然边界特别是行政边界逐渐开放与文化边界、社会边界内卷化发展同时并存的局面。外来工业的进入，不仅没有带来村庄共同体边界的萎缩与消亡，反而在短期内促使其社区结构趋于封闭和完善。

---

① 折晓叶：《村庄边界的多元化——经济边界开放与社会边界封闭的冲突与共生》，《中国社会科学》1996年第3期。

（一）“村籍”制度与社区边界的封闭

所谓“村籍”制度是以户籍为基础的社区身份，是村庄对村民社会或法律归属的认同体系，拥有村籍的村民可有享受村庄公共待遇，如承包村集体的土地、从村集体收益中享受再分配的权利。征地前的窑村是以默认的土地承包权益为核心的，村籍制度并不具有严苛的划分作用，没有形成成文的或村民集体会议达成的共识，较为松散；征地之后获得两项显性权益，一是巨额征地补偿款。对于村民而言主要体现在逢年过节（尤其是过年）的时候享受200–500元数额不等的现金福利和其他实物性补偿，甚至个别村民可以从征地补偿款中申请一些资金用于个体户经营；二是农转非的身份。在20世纪90年代的中国农村，市民不仅代表隐性的各类制度性福利，更是一种身份的象征。因此，当实现农转非身份巨变的时候，“窑村人”的称谓就不仅仅是基于村界的区分，更表征“我是市民，你是农民”的“身份 — 地位”区隔。拥有村籍与否直接决定这两项福利的再分配机制，所以核心的关注点就集中在村籍制度的设计和完善方面。

1990年的时候，瓦村和师村通过上下努力实现了“市民化”。当时有个统一标准就是“1948年在册的，1978年仍然在册的村民以及以后出生和嫁入村庄的人”均可以实现农转非，享受市民待遇。这是一个相对宽泛的门槛，村民基本上同意。但1992年的一件事将这项规定重新提上议程。

> 我清楚记得92年11月我家女子出嫁，户口没有及时迁出，村主任和治保主任三天两头来家里催促，让尽快办理。我知道，马上过年了，要根据人口发福利了，他们不想让我占便宜。可我知道，全村人都清楚，村主任的妹妹91年就出嫁了，一直都没有把户口转走。我心里有气，凭什么不能同等对待，于是怎么催都不理。结果，发福利的时候果然少了我家女子的。当时气坏了，和村主任当面对质，可人家不承认。

于是，就和这两年出嫁女子的郭大福、郭金生联合在大年初一集体祭拜祖宗的时候与村主任吵了起来。经过我们一闹，村里就组织大家开了会，重新考虑福利和村户口的事情。（村民GWX的访谈，2016：8–27）

由于部分村民对此有异议，村里迅速召开了村民会议，主要讨论村籍的问题。在原来的基础上补充了几条规定：（1）外嫁女子自出嫁之日起可在村中保留户籍两年，可继续享受村中各类福利，两年后户口必须转出；嫁入本村的女子可在嫁入之日起将户口纳入本村，但两年内福利减半；（2）外出读书、参军入伍的可以继续享受本村福利待遇，不因转出户口而影响；（3）因征地而被招工的村民，户口及时迁出，不再享受本村福利；（4）违反计划生育政策，多生、超生的，除缴纳罚款、接受处罚外，新生孩子不能上户口，不得享受村子各项福利。（5）空挂户[①] 不得享受村庄任何福利。由此，瓦村形成了较为完整的村籍制度，师村也随之效仿，内容大抵相同。

毫无疑问，村籍制度不仅仅是村民身份的村庄认同，更牵扯系列性利益的福利制度，具有强烈的利益排他性。村民知道，每进入一个居民，就会分走一份收益，也就意味着其他人的收入会减少，因此，为了实现利益均衡和利益最大化，在相互制衡与监督中，村民身份的认定成为一段时期内村庄的公共事业。也正是基于此，村籍制度建构起了一个封闭性较强的村庄社会边界，“村里人—村外人”的区分更加显著。

（二）“暴富”与文化边界内卷化

从某种角度看，文化边界与社会边界是重合的，都表征村庄场域中村民

---

① “空挂户”是指村外有关系的人或领导的亲戚将户口放在村庄名下，不在本村居住，但可以获得市民身份。这也反映了当时乡村非正式制度或潜结构的部分运作。

身份的被认同与自我认同。文化边界更强调基于血缘、地缘、祖缘的共同体认同，“村民是否在心理上认可自己的村民身份，是否看中村庄生活的价值，是否面向村庄生活”①。这也是芮德菲尔德意义上“小传统”的意指，他认为，“在某一种文明里面，总会存在着两个传统：其一是一个由为数很少的一些善于思考的人们创造出的一种大传统，其二是一个由为数很大的、但基本上是不会思考的人们创造出的一种小传统。大传统是学堂或庙堂之内培育出来的，而小传统则是自发地萌发出来的，然后它就在它诞生的那些乡村社区的群众生活里摸爬滚打挣扎和持续下去。”② 中国乡土社会的边界就建立在小传统传承和延续的基础上，围绕土地进行自我摸索与传延。对于传统农村而言，村庄就是农民的整个世界，由此构建的小传统构成了村庄的文化边界。

但是，在工业化、城市化的冲击下，“自然”的村庄结构已经或正在发生深刻变化，外在力量的介入以及由此引发的村庄自然、行政边界的变迁都牵引着村庄文化边界的扩大或缩小。某种意义上讲，村庄已经不是单纯的地域界限，更像是扩大了的社区，村庄文化也流变为社区文化。对于窑村而言，征地一方面制造和带来了新的工业文化，这种文化以社区资源和利益共享为主要特征；另一方面传统的村庄文化固执地坚守着以历史建构和互惠共享为特征的传承。窑村陷入了新旧交融、碰撞冲突的文化边界变迁状态。

变迁初期，因征地而带来的财富遮蔽了其他方面的影响，突增的财富将村民的集体文化认同感推向了一个极点，即确立了血缘、地缘关系基础之上的财富分享方式。正如村民HKL所言：

---

① 贺雪峰：《村庄共同体》，2002年，转引自李培林：《村落的终结——羊城村的故事》，北京：商务印书馆，2004年，第39页。

② [美]罗伯特·芮德菲尔德：《农民社会与文化：人类学对文明的一种诠释》，王莹译，北京：中国社会科学出版社，2013年，第95页。

是老祖宗给我们留下的东西让我们有了今天，没有老祖宗，哪有铝矿（厂）的征地。事情总是有前因后果的，征地获得的实惠一定要感谢老祖宗。（村民HKL的访谈，2016：9-4）

和HKL有相同想法的村民很多，在访谈中，绝大多数村民认为，是祖辈选中了窑村这块“风水宝地”，才有了今天征地获得的好处。因此，利益共享应该是在同宗、共源的历史积淀基础上实现的，世代生活居住于此的村民理应是最大的获益者。或许是小传统的惯性，更或是基于利益排外的现实需要，窑村人在征地后的很长一段时期内（大约有十年左右）非常重视不同场合的祭祖仪式。特别是大年初一的集体祭拜（当地人称为“供神子”）以及正月初十开始一直到正月十七结束的社火活动尤其隆重。村集体通过强化表征村庄文化价值观念的仪式环节，进一步加强了村庄的文化边界，进而“合法化”地明晰了征地福利的分配机制。

事实上，这种看似传统文化边界的“发展”，并非出于村民对“小传统”的完全信奉与恪守，村民基于个人获益的考量也很重要，特别是1993年以后，这种倾向更加凸显。形式主义的仪式化愈发隆重的同时，并没有带来其实质性的发展。随着时间的推移，在村民的心目中，乡土社会的价值体系越来越成为他们获益的“工具”。村庄文化边界走向“内卷化”境地，即没有实际发生传承的变迁。

三、跨界与多元的经济边界

与珠江三角洲和长江三角洲的农村情况略有不同，实行家庭联产承包责任制以后的窑村没有出现大量分散农民直接进入村域外市场和村集体兴办乡村工业的情况，相反，村庄依旧围绕着土地进行生计方面的精打细算。分散的家户将更多的精力投放在承包的土地上，精耕细作，偶有一些有“门路”的村民在附近的乡镇企业打零工，种地依旧是其主要的经济来源，其经济边界依然局限在村界范围内。征地后，村庄的自然边界和行政边界发生变化，农转非改变了村民身份，不需要再缴纳农业税的窑村人通过耕种少量的土地和国家、村集体发放的福利过上了相对富足的生活，从此重建了“土地+供应”的多元经济生活模式，这时候市场的触角并未真正进入村域空间。

虽然征地是因发现矿产资源而起，但在前期，矿产是被遮蔽的存在，整个村庄对征地的关注远远超过对矿产的价值思考，“只见‘地’，不见‘矿’”很好地诠解了当时村民对这一事件的反应。随着铝矿厂挖掘和开采工作的推进，以及大规模现代设备、职工住宅楼房、配套医院、活动中心等在附近村庄的建设、完工，窑村人关注的焦点发生了转移，由“地”转为对“矿”的思考。

每天晚上挖山运输车的声音几乎没有断过，半夜三四点还能听到。白天看到一车又一车的铝矾石被运走，原来长满荒草的山地瞬间就变成平整的土地了，没过几天平地上就堆起来几十米高的铝矿石，白花花一片。去地里就能看到，有时候站在院子里也能看到推起来的小山。（村民ZYS的访谈，2016：9–6）

铝矿（厂）的车辆很多，不知道有多少，数不过来，路上就没有断过。92（1992）年的时候，铝矿（厂）在师村南边修了一个中转站，里边停放的运输车起码有50辆，挖掘机至少30辆，还有一些其他设备叫不上名字。中转站5个月就建起来了，真叫个快！（村民ZLD的访谈，2016：9–8）

重型机械的轮番上阵、山地的瞬间夷平、大量铝矿石的“重见天日”、铝厂建设速度的奇快等极大地冲击了村民们的认知，窑村人第一次感受到了“现代化”带来的速度和效率。“日出而作、日落而息”的时间观被彻夜的铝厂作业所打破，围绕土地进行的传统小农生产被“挖山-开矿-运走-卖出”等社会化生产所刺激。在逐渐消化了征地带来的巨变后，矿产以及由于矿产而展开的新经济运作形式正式进入村民的视野。

其实，铝矿石在村里不是什么秘密，过去锄地的时候就能刨出来，有些甚至就在地表。但村里人不认识，以为是石头之类的东西，因为这些在村中很常见。没有把它与赚钱过多联系起来。再说，集体化时代，谁也不敢私自开采。铝矿（厂）来了之后，先是打钻，之后露天开采，运输车外运，后来铁路修到了西村[①]，初加工或半加工的铝矿石就被运走了。每天都能看到这些，于是就开始琢磨铝矿的事情！（村民GLW的访谈，2016：9-8）

86年（1986）征地的时候，就有外地人住在我家里，之后地征完了，陆陆续续有铝矿工人租我家窑洞住，他们主要是开运矿车、推土机、挖掘机和轮钻机的人。住的时间长了，一来二去就慢慢熟了，这些人给我讲村子外边的事情，讲挖矿、加工矿、卖矿的过程，这些是村里人不知道的。一起居住几年，对铝矿石就有了很好的了解。（村民HYH的访谈，2016：9-9）

在多数村民眼中，铝矿石并不是什么稀奇的事物，在村中荒山、荒坡、庄稼地里都随处可见，但他们对其经济属性并不十分知晓。铝矿厂的进驻不

① 西村是Q镇下面的一个大行政村，地理位置居中，修建有铁路专门运送铝矿石。同时，该村也是附近几个村子赶集的中心区域。

但打破了窑村传统农业经济的封闭性和单一性，而且通过其自身的经济运作模式深刻地改变了村庄对矿产的认知。通过主体性观察与人员之间的互动，村民们逐渐知道了矿产资源的物理属性，获悉了其承载的重要经济功能，实现了矿产认知的“知其一且知其二”，认知边界得到扩张。更为重要的是，D铝厂工业化作业[①] 基本上是在村域内进行的，是渐进式地嵌入村庄空间之中的，因此，其背后的工业化、市场化逻辑必然会对村庄、村民造成一定的影响，在表层“征地 — 挖矿”的显性结构下，新的经济逻辑以隐蔽的形式对村庄进行渗透，进而在20世纪90年代中期与村庄主体达成呼应。

如此，村庄一方面在心理层面实现了矿场认知边界的扩充，物理属性与经济属性合二为一共同被纳入村民的“生存 — 发展”逻辑之中，构成了日后村域空间中除了土地之外的另一套知识话语体系；另一方面“土地+供应+矿产”的新的经济边界和范围正在形成。在这个多元的经济域限内，村民依旧以土地为生，以国家供应和村庄福利为辅，而矿产经济则作为一个新的致富手段逐渐被接纳和吸收，虽然这种接纳在当时仅仅是一种心理上的接纳。这样，一个跨越农业、工业（主要是矿业）的经济社区初见端倪，当遇到合适的机会时，潜藏在村庄内的这股激流将会势不可挡。

第四节　从土地到矿产：断裂与转变

费孝通先生曾说过：“从基层上看去，中国社会是乡土性的 …… 乡下人离不了泥土，因为在乡下住，种地是最普遍的谋生办法 …… 直接靠农业

① 窑村只是D铝厂的原料采集基地，没有进一步的加工。

来谋生的人是粘着在土地上的。”[①] 1986年之前，窑村就是这样的乡土社会，山地丘陵的地貌特性决定了窑村人的生活生产习性，不论经历什么样的变革，土地始终是他们的“命根子”，围绕土地进行的播种、收割以及由此形成的时空观成为他们经久不变的传承。很少有人走出村子见识外面的世界，封闭和保守、听话与服从是村庄的整体性格。除了土地之外，“矿产”是另外一个自然存在，是村民认为的“老祖宗留下的”实在之物，虽然横亘在满山遍野之处，但并未完全进入他们的生活世界[②]。

1986年，窑村“被”发现蕴藏丰富的铝矿资源，紧锣密鼓的征地运动拉开了村庄转型的帷幕。对于村民而言，征地意味着“保土”的生计逻辑被“离土”的发展逻辑所取代。从开始的猜测、闲聊到事实的呈现明了，矿产是被征地所遮蔽的，征地带来的形式上的转变和实质性收益远远要比矿产资源被发现带来的震撼大得多。首先是巨额的征地补偿款，通过“现金+米面油”发放的形式直接到达村民手中，虽然不是全额给予，但在20世纪80年代的窑村人眼中，这是一种极大的福利。逢年过节是村庄最热闹的时候，每个人脸上都浮现着幸福和喜悦，“富裕”是附近村庄对窑村的印象和褒扬，征地无形中与“富裕”建立了联系，为以后建构“矿产—富裕”的逻辑播下了种子。其次是农民身份的终结。农转非实现了窑村人国家意义上身份的巨变，完成了“就地城镇化”[③]。村民没有离开故土故居，依然居住在原来的村子里，与相熟的邻居、村民共同生活，村庄打谷场依旧是公共空间。最大

---

① 费孝通：《乡土中国》，北京：北京大学出版社，2012年，第9—11页。

② 据村中上了岁数的老人讲，历史上村庄有过挖矿历史，但不多，零零散散地进行。最盛行的时候是“大炼钢铁”的年代，但那时强烈的国家意识和集体主义情怀遮蔽了对矿产经济价值的获知和认可，因此，可以说，1986年之前的窑村矿产并没有真正进入人们的日常生活实践。

③ “就地城镇化”不是费孝通先生意义上的指涉，而是特指没有离开居住地实现的户籍身份的改变。

的变化发生在心理层面，对于村民而言，市民户籍的实惠和好处除了定期的国家粮食供应和不用缴纳农业税外，更大的利益在于它是一种荣耀，可以逢人便讲“我是市民”，虽然很多人并不知晓市民的真正含义，但这些都不重要，重要的是作为市民的身份认可，这种认可在征地初期填补了失地带来的损失和空缺，成为窑村人走出村庄进入现代社会的一种文化资本。最后，村庄边界的改变。村民对村界的认知发生了改变，缩小的“版图”圈限了村庄的面积，却充裕了村民的边界想象力。单一归属的行政边界被多重主体的“空间实践”打乱，一对一的主体关联被一对多的行政辖制所替代，行政边界发生扩散。征地带来的金钱收益和“被市民化”因强大的“利益稀缺性”而强化了村庄的内部凝聚力，村庄的社会边界没有伴随自然边界和行政边界的变迁而扩大或开放，相反却更加封闭。基于利益共享机制的考量标准，一方面通过封闭社会边界实现利益的内部分享，另一方面则通过文化边界内卷化固化“没有祖宗就没有收益”的思维，村庄通过强化祭祖、婚丧嫁娶、庙宇修缮等仪式进一步规制“谁是村里人”的自我认同，目的并不是单纯的传承以血缘、地缘等联结的村庄共同体文化，而恰恰是通过这种形式最大限度降低或控制征地收益的共享门槛，保证村集体自身获益。然而，伴随征地之后铝厂开采工程的推进，征地的影响逐渐被矿产所替换，轰隆隆的现代化器械夹杂熙熙攘攘的外来人流逐渐将矿产经济嵌入村庄经济边界之内，型构了“土地+供应+矿产”的跨界经济边界，矿产的双重属性伴随铝厂挖掘机的声音一步一步唤醒了窑村人挖矿致富的想象力和行动力。

实际上，在1986年的征地中，带动村庄转型变化的力量是完全来自外部的，是这一类国家主导下市场化、现代化支配村庄社会发展的缩影。20世纪70年代以来，我国进入由国家主导的工业化、市场化、现代化的经济发展进程，土地、劳动力、自然资源都是其不可缺少的原料，它们的参与不仅搅动了全中国甚至世界范围内的市场经济连锁反应，更是将原料产地纳入现代化、市场化、工业化的“化”学进程当中。作为矿产资源储备丰富的窑村自然“不可豁免”，伴随国家、资本的进场，村庄也卷入这场“盛宴”之中。作为国有企业的D铝厂集国家（行政）与市场于一身，通过地方政府（市–乡镇–村）的配合以及村民的“默认”而顺利获得对矿产资源的开采处置权。对于村民而言，“国家征地当然要无条件配合”的“共识”成为他们行动实践的指引，以至于出现参与度不足或“缺席”的事实。对于村干部而言，他们在事实上参与了征地全过程，不仅了解事情的前因后果（相较于普通村民而言），而且通过征地获得了一定的对市场的初步认识。这些都为后期集体工业化市场实践以及个体差异性实践埋下了伏笔。对于整个村庄而言，征地不仅在无形中将村庄卷入工业化、现代化、市场化的经济体系之中，而且进一步强化了村庄与多个行政主体的关联，这种卷入又会加快村庄转型的进程。

当然，在这场看似“一边倒”的变化中，村庄也进行了一些主体性实践。征地打破了村庄“以土”为生的传统生计方式，村民不得不在“土地”之外寻求新的生存倚仗，而矿产资源的“突现”和骤聚则适时填补了“土地”的空缺和位置，成为村民眼中可能的新的希望所在。同时，征地也产生了一些“倒逼机制”—— 村民开荒拓土寻求生活保障。征地初期，土地依旧是村庄最大的生存依赖，因此，村集体组织的拓荒分地无疑是一种“双重保险”，既保障了村民的生计底线和习惯，又变相维持了村庄的稳定。但这种稳定只是一时之策，当流动以及流动带来的外界信息、人员不断涌入这个小村庄的时候，生计就被发展致富的逻辑所取代了。“离土中国的到来打开了村庄的大门，市场规则等多种规范快速地渗透到人们的生活实践之中，以直接或间接的方式影响乡村社会的秩序。”[①] 可以说，从这个时候开始，作为一种资源的“矿产”[②] 通过征地循序进入村庄场域，渐进扎入村民日常生活实践之中，村庄由此开启了一段长达三十多年的现代化转型之路。

---

① 邱泽奇：《乡村社会秩序的新格局：三秩并行——以某地“乡土人才职称评定”为例》，《国家行政学院学报》2015年第5期。

② 这里的“矿产”是在经济学意义上使用的。

第三章　矿产“在场”：主体性实践转型（1989–2012）

1986年至1989年的窑村，经历了从宁静祥和到喧嚣尘上的初变，兼具资本和国家双重力量的D铝厂从外部打开了村庄的口子，“矿产—征地”的进入逻辑在村庄内部变成了“征地—矿产”的认知逻辑。对于村庄而言，首当其冲的是因“征地”而引发的“非农化”“半农化”等一系列“骤变”，之后才是因“矿产”及其衍生物而引发的被卷入市场经济乃至现代社会的主体性建构过程。窑村的市场化转型没有围绕“土地—农业”展开，因为他们已然没有足够的土地可供开展农业经济，农业商品化以及相关的市场链接自然无从构建。但他们有独特的矿产资源禀赋，同时，两年时间里铝厂热火朝天的开采作业，大量铝矿从地下呈现到地上，栉比鳞次的高楼住宅与村庄形成鲜明对比，新的村域镜像犹如一道道闪电不断穿越村庄边界，直击每一个村民的心脏。村庄终于按捺不住内心的跃动，迫不及待地从矿产场域的外围走进场内，从而开启了23年的以矿产为中心的村庄转型变迁之路。

如果说1989年之前窑村的变迁是在外力推动下被动卷入市场经济的建构过程，那么1989年之后，窑村则像一匹脱缰的野马，在村域范畴内“恣意”施展自己的主观能动性和主体想象力，他们如吉登斯所言的行动者——具有对“持续发生的社会生活流监控”[①]的反思性实践能力，在与周遭环境的交往中不断反思调整自己的策略逻辑。在1989年至2012年的23年的时间里，窑村人“在具体定位的互动情境下，与那些身体和自己共同在场的他们进行着日常接触”[②]，在矿产场域中实践着主体性的市场化转型。

第一节　村庄再组织：进入工业市场的集体实践（1989-1991）

潘维认为：“在中国乡村，市场化进程的主要动力来自改革前即存在的农村集体。农民通过原有的农村集体参与市场竞争，不仅避免了建立新组织机构的高昂成本，还有助于维系社区凝聚力，减少个体农民和企业的风险……在数十万农村基层政权的带领下，中国的农民有组织地进入了工业市场。”[③]对于窑村而言，1981年土地承包到户实现了村民与村集体的首次分割（主要是经济上的），村集体“政社合一”的权威性渐减，但1986年的征地却将这种权威重新拉回并抬高到一个新的高度，巨额补偿款的使用权、尚未征用土地（包括荒山、荒地）的处置权以及村庄福利的分配权等等全权集中在村集体手中，村民对集体的依附性不减反增。1989年，征地事宜尘埃落定，“半农化”的窑村人在铝厂不舍昼夜的机器轰隆声中觉醒，他们中的

---

① [英]安东尼·吉登斯：《社会的构成——结构化理论纲要》，李康、李猛译，北京：中国人民大学出版社，2016年，第1章，第2～3页。

② [英]安东尼·吉登斯：《社会的构成——结构化理论纲要》，李康、李猛译，北京：中国人民大学出版社，2016年，第60页。

③ 潘维：《农民与市场——中国基层政权与乡镇企业》，北京：商务印书馆，2003年，第42～43页。

多数（除了老人和一些老实本分的庄稼人）不再将目光聚焦在自己的“一亩三分地”（实际上没有那么多）上，而是投射到矿产上，并将对矿产的想象力寄情于的村集体身上。作为村庄所有资源的“独享者”，村集体“基于对土地和资金的垄断以及在此基础上形成的对发展机会的垄断”[①]，为其进入市场创造了可能。

一、村庄再组织的村域基础

折晓叶在对珠江三角洲超级村庄的研究中提出了“企业型村庄”的发展模式，这类村庄已经形成了以乡镇企业为主的非农经济结构，不断发展的乡村工业重组了传统的村庄经济结构，村庄社会也发生了相应的再组织。她提出，村庄再合作的社区基础有三个要素：土地为本、“集体”运作和家族连带，在此基础上超级村庄形成了“利、权、情”的秩序和合作关系。[②] 下面，结合窑村实际，对这三个要素进行简要分析。

（一）土地

在众多生产要素中，土地无疑是最基础的，它不仅是村庄的地域边界，也是“土地所有权支配下的经济关系的边界”[③]。作为一个内陆型村庄，土地的重要性更是不言而喻。1986年之前，以农业为主的土地使用形态决定了以土地为本的村庄特色，那个时候，村民对于土地的关注集中于面积大

---

① 王晓毅：《资源独享的村庄集体经济》，《北京行政学院学报》，1999年第3期。

② 折晓叶：《村庄的再造：一个“超级村庄”的社会变迁》，北京：中国社会科学出版社，1997年，第71 ~ 92页。

③ 折晓叶：《村庄的再造：一个“超级村庄”的社会变迁》，北京：中国社会科学出版社，1997年，第71页。

小、土壤质量好坏、位置方位等；1986年之后，征地一方面凸显了矿产资源先天禀赋，另一方面也使村庄凭土地而获得了大量补偿款。虽然所剩土地（特别是耕地）不多，但“土地为本”的思想和传统始终深深地影响着村民。1989年前后，窑村在仅剩的250余亩农地的基础上，拓荒开地达673亩（其中瓦村210余亩，师村163余亩，安村300余亩）[①]。村集体对土地重新“打包”整理，按照国家政策规定进行了适时承包分配，一定程度上缓解了因征地而导致的村庄耕地紧张以及由此引发的村域其他问题。

除了承包给村民的农地外，村集体基于人口增长、村域集体化农业经济等考虑留有少部分集体农地，这是土地农用所有权归农民集体的表征。还有一部分非农用土地，在所有权归属上属于国家所有。当时国家政策规定，所有者不得将土地自由挪用于住宅建设和其他非农产业，要接受国家的严格管理和控制，国家建设需要时即可征用等等。“以后随着乡村工业化的进展，基层乡镇和村庄对土地非农使用的需求增大，为了宏观上控制土地的使用，又规定了土地非农使用的初级审批权由行政村掌握……并逐级上报国家土地管理部门，获得了有法律效力的批准件后才能转为非农用地……行政村实际上对土地的非农使用拥有了事实上的控制权和决定权。”[②] 而这一点无疑在村庄再组织再合作中具有重要作用。后面讲的瓦村耐火材料厂所占土地即是村域内非农用地。换言之，土地所有权的双重形态，特别是对非农用地的政策性调整，促使村集体成为能充分动用村域资源、组织合作的主体，为村庄再组织提供了重要基础。

① 数据源于2016年调查时访谈收集，由于统计口径差异会有一些出入。

② 折晓叶：《村庄的再造：一个“超级村庄”的社会变迁》，北京：中国社会科学出版社，1997年，第72页。

（二）“集体”运作

潘维在《农民与市场》一书中提出，中国农民在市场化的进程中到底会成为输家还是赢家，取决于两个情形，一是村庄的地理位置，二是农村政治组织模式。是否靠近城市、是否具有强力的农村基层政权成为20世纪80年代农民市场化成功与否的关键。[①] 就前者而言，窑村地处山区，距离城市37公里，完全没有地理优势可言，但征地带来的社区资金资源优势（包括丰厚的矿产储备）消弭了这一不足，而村集体作为资金的“实际掌控者”，一方面对内具有动员调动资源的能力，这是分散化的个体所不具备的；另一方面在对外交流上运用组织优势“办大事”。

> 当时办厂，一是村集体有钱，好几百万呢！这笔钱放在现在都是巨款；二呢，村里的人好组织，公社时候形成的集体化还在，村里的人信任村集体；三是村里的人大都是一个姓，一个老祖宗（仅有六户张、侯两姓）。（时任瓦村村主任GXY的访谈，2017：11–9）

20世纪80年代的窑村，基本具备GXY所说的条件。虽然家庭联产承包责任制将农民从集体引入分散，但村集体的威信还在，特别是对于单姓的村庄来说，村集体组织办事的能力较强。同时，从当时的外部环境看，D铝厂进村后，外部世界突然之间对这个小小的村子全方位开放了。单个农民（多数村民去过最远的地方是X市）难以面对较为复杂的外部环境，更别说“孤身”办工业了。“‘村集体’作为村庄的一种社会性资源，无论对内对外都

① 潘维：《农民与市场——中国基层政权与乡镇企业》，北京：商务印书馆，2003年，第145 ~ 146页。

极其重要”[①]，这样的情境在瓦村办厂的过程中看得更为清楚，我们将在后面详细加以说明。

（三）家族联带

窑村包含的瓦村、师村、安村三个村庄中，瓦村以郭姓为主，师村以侯姓为主，安村以张姓为主，只有少数几户因历史原因而迁移到另外村庄，但并未改变村庄单姓社区的特征。在单姓村庄中，家族的力量或显或隐地对村庄组织产生影响。正如折晓叶所言：“家族作为一个社会单位，却是潜藏着深厚的生存共性和文化共性的集团，特别是在村庄与家族合一的单姓社区里，村庄被同族的家族渗透，这种共性一经激活，就变成了整体行动的精神力量和社会支撑。”[②] 以瓦村为例，时任村主任的GXY系家族中“上街”一脉，虽属家族“老大”一支，但与“东院”“西院”两脉共同拥有一个祖先，在血缘上同根同祖。村里的人共享相同的亲族网络、文化价值观和道德标准，无论谁当选村干部，都必须遵守这个文化共性。

> GXY提议要建铝炉，我不是很懂，但必须要支持，除了对村庄的“好处”外，还有一个原因：都是“上街”的，不支持会遭到“一家”其他人骂的。（瓦村村民GQQ的访谈，2017：12-9）
>
> 都是一个先人，在一些大是大非上要齐心协力，他（GXY）建厂子，当时对村庄有利，我们“西院”的人要支持。再说，大家都同意了，我不同意，今后谁还会理我？我家有了事，谁还会出面？（瓦村村

① 折晓叶：《村庄的再造：一个“超级村庄”的社会变迁》，北京：中国社会科学出版社，1997年，第83页。

② 折晓叶：《村庄的再造：一个“超级村庄”的社会变迁》，北京：中国社会科学出版社，1997年，第83页。

民GYS的访谈，2017：12–9）

虽然窑村人没有将“家族”二字时刻挂在嘴边，但他们用行动证明了家族在村庄组织中的重要影响力。在集体性工业实践的再合作中，以人情、信任、道义等为内核的村庄社会网络的确帮助村集体调动起所需要的集体力量，推动了村办工厂的创办。

从上述三个方面的简要描述中，我们可以看到，“利、权、情”三种关系原则不仅存在于折晓叶调研的珠江三角洲村庄，也存在于北方的窑村。在这个村子特定的时空中，以征地补偿款为基础，“利、权、情”三种关系交织在一起，共同推动村庄再组织的实践探索。

二、瓦村的村办耐火材料厂

家庭联产承包责任制度实行以后，窑村社区生活从集中进入分散阶段。“村民倾向于以个人行动来寻求更多的经济和社会发展机会，因为这样的行动更直接有效，更少风险和代价。”[①] 然而，突如其来的征地推动村庄在组织上从分散化向再组织迈进。在这个过程中，瓦村做了第一个“吃螃蟹的人”，探索创办了村办耐火材料厂，从而促使村民在非农化或不单纯“向土地讨生活”的过程中又重新组织起来，以集体方式开启了进入工业市场的实践。

（一）动员 — 发起

1989年春，即征地后的第三个年头，瓦村人在新任村主任GXY的提议

① 折晓叶：《村庄的再造：一个“超级村庄”的社会变迁》，北京：中国社会科学出版社，1997年，第67页。

下，决定利用征地补偿款开一家铝矿石初加工厂（耐火材料厂）。

当时情况很乱，铝厂征地后，村里的耕地基本没有了，即使是把村西边和西南边没有被征的荒山荒地进行部分拓荒平整，也难以满足村里人的种地和赚钱需求。没地可种的村民整天四处游荡，惹是生非，临村的人隔三岔五跑我这里告状。门都被踏坏了。作为一村之长，看到这些情况很着急，村里的事无大小，办不好都背地里骂你。正好我一个在河南乡镇工作的战友联系我，我把村里焦头烂额的事情和他说了说，他给我讲，"现在全国很多地方都在搞村办企业，你们村有资源、有优势，为何不搞一个铝矿石加工厂，不需要任何技术，建几座土窑就能开始。"我一想，这办法好啊，村里有征地的钱，放着也是放着，以建厂的名义拿出来既可以顺应形势，又可以解决村民无事可干的问题，还能带领大家致富！又和铝矿（厂）的领导接触了一下，他们也说可行，在别的地方见过个人开办铝炉的情况，开得挺好。之后和镇里的领导汇报了一下，领导也赞成。最后，和村里其他干部碰了一下头①，大家都觉得可行，就召集村民开了大会。事情就这样定了下来。（时任瓦村村主任GXY的访谈，2017：11-10）

当年村子里有一个大的变化，村里的人"眼红"（羡慕）铝矿（厂）能够挖铝赚钱，而他们只能种地。早先么拉（没有）比较，村里人都差不多，后来有比较，人的心态就变了。但村里的人还是老实，让他们去挖，还没有几个人有胆子。我上完高中回到村里当会计，征地的钱没有合适的项目是不能随意支取的，不像现在基本都分给大家了。XY把开铝炉（铝矿石加工厂）的主意给我和其他几个村干部说了，我们都表示

① "碰头"在当地方言中是相互沟通交流的意思。

赞成，这是好事，最起码让村里的人有活干有钱赚，那么多剩余劳动力有地方安置，村里人也就不会不平衡了。再说，村里有钱、有场地、有人、有矿，把补偿款投在这个地方（办厂），能把“死钱”变为“活钱”，还会再赚钱，多好的事啊！（时任瓦村会计GZL的访谈，2017：11－9）

从两位村干部的自述不难发现，提议开办铝矿石加工厂完全是基于村庄利益的考量。征地后的瓦村出现了三个新的问题：一是耕地锐减带来的村民生计问题；二是征地后带来的村庄稳定问题；三是D铝厂到来造成的心态失衡问题。这三个问题表面看是征地造成的，但实质上却是村庄被卷入市场的后遗症。同时，除了看到问题，当时的村干部还发现推动村集体建厂的四个有利条件：一是村庄有建厂的资金；二是村庄有可被利用的集体土地（主要是荒地和山地）；三是村庄拥有先天的铝矿石资源禀赋；四是村庄有劳动力。而这四个要素恰好是村庄再组织推进市场化转型的必要条件。

村委书记兼村主任GXY和会计GZL都是1986年征地时新上任的村干部，20岁出头，正是想干事能干事的年纪。面对村庄的新问题新困境，他们心急如焚，但又不知所措。GXY有过五年的参军入伍经历，退伍后又在Q镇政府做过两年通讯员工作，见识较广，特别是社会关系网广泛，既有省外战友关系，也有基层政府关系，这些都为其解决问题创造了条件。正如GXY所述，河南战友的一次联络就使他一下子明白了很多，既对村庄的现实问题有了更清晰的认识，又对村庄发展机会有了更明确的理解，战友提出的基于村庄现状和特有资源条件创办一个铝矿石初加工厂应该是可行的。这一提议也得到了D铝厂和Q镇领导的认同，多方认同的结果自然更加坚定了GXY办厂的决心和信心，而村会计GZL等村干部的附议则在村集体范围内达成一致，为顺利推进办厂工作奠定了团结基础。

实际上，在村民的回忆中，GXY是一个“强人”[①]，虽然做村主任不到两年，但威信极高，在村里“说一不二”。

都是XY一个人定下的，领导说做甚就做甚，村里没有厉害人，都是老实本分的农民，再说咱也不懂。（原村干部ZNW的访谈，2017：11-9）

开过会，当时谁也不懂，XY说了好处：人们在种地之余能够挣点钱，这说到了大家的心里头。他当过兵，在镇上做过干部，见识广，不听他的听谁的？（村民HZD的访谈，2017：11-11）

89（1989）年计划“建铝炉”开厂子的时候，村里人基本上都是“坐、吃、等”，还有混乱出现，地少了，铝矿（厂）征地给了钱，但没有发到每一个人手里。XY说补偿款不让分发，准备利用部分钱开厂子，说厂子弄好后，村里人可以到厂子里上班，按“烧铝”的收入发放工资，感觉城里的工人才有这样的生活。（村民GLS的访谈，2017：11-11）

在访谈中，村民们说得最多的一句话就是“都是XY一人说了算”，当然，这句话是此时此地对彼时彼地事件的历史性回忆，难免会有“着眼于现

① 贺雪峰区分了四种不同的村级治理形态：好人型、强人型、恶人型和能人型。好人是从治村干部的品行上讲的，具有良好人品和人缘，不愿用粗暴的手段去惩治村中任何一个村民；“强人”指的是性格强悍之人，这样的人敢于承担责任敢于与村中不良倾向作斗争，往往具有健壮的身体、社会关系或暴烈个性；“恶人”一定是强人，但私欲更重，往往将自己为村庄创造的公共收益据为己有；“能人”是指有特殊经营头脑和一技之长的人，尤其是那些已经发家致富的村民。参见贺雪峰：《新乡土中国》，北京：北京大学出版社，2013年，第94 ~ 97页。

在，将过去融化在现在之中”① ——“把现在抛锚在过去”② 之嫌，但透过村民的语言，我们还是能够窥见当时情境中村民对办厂建议的模糊认同。村民表述意义上的“集体失语”并非表征其主体性丧失或者说畏惧权威而选择同意，他们恰恰是通过自愿选择“失语”—— 不表达不同意见 —— 来证明其主体存在性。对于村里的问题，每个村民多少认识到一些，他们希望改变，幻想以一种更好的生活方式来弥平其内心的失落与失衡。以GXY为村干部的村集体适时站出来，一方面抚平了村民被卷入“转型”时的创伤③，另一方面则为他们个人转型提供了一次先在的集体演练。

（二）“建炉”④ — 经营

征求意见后，1989年8月，村子在GXY的带领下开始了建厂工作。

当初提议的时候没有多想，真的要建炉了，发现要面对很多问题，谁能建？谁会建？找谁建？怎么建？谁也不会，一抹黑（什么也不懂）。村里的人指不上，我就四处打听，问过铝矿（厂），问过镇上，最后通过各种关系找了当时县里的L县长，L县长见我的时候说，“不能打没有准备的仗，利用资源办厂的想法是好的，但盲目进行就不行了。建一个厂子要有设计、调研，要考虑方方面面……”当时听了县长的话，才

---

① Farriss, N.M.Remembering the Future, Anticipating the Past: History, Time, and Cosmology among the Maya of Yucatan. *Comparative Studies in Society and History*.29（3）1987, p.566.

② Cohen, P.S, Theories of Myth.See Man, New Series, Volume4. Issue3. 1969, pp.349.

③ 这里的“创伤”主要是指征地后村民失地又没有获得现金实惠，面对D铝厂另一种生产生活方式而产生的多样化冲击。这些冲击在征地后期远远抵消了初期“市民化”带来的收益感，村民正在悄然发生变化或转型。

④ 建炉：建厂的意思，当时烧铝的设备主要是蒙古包式的倒焰窑（炉），所以村里人习惯性称厂子为“铝炉”。

发现自己把事情想简单了。但好在市长支持，帮忙推荐了县里的铝业公司，铝业公司的一个姓吴的工程师给设计了图纸。施工人员也是铝业公司的人给推荐的，是旧城桥村的两个原来在市耐火材料厂干过的人。建铝炉需要特殊材料——高铝砖，县里头没有这种材料，铝业公司的人推荐了河北唐山的一个厂家，我们专门过去了两趟才把砖的事情弄好。图纸有了，建炉的人有了，材料也有了，厂子就能建了。开工到完成用了3个月的时间，前面跑关系就差不多有1个来月。村里的人只看到了两座“炉”（倒焰窑），但谁知道当时我几乎找遍了所有关系，跑遍了县里所有有信息的地方。（时任瓦村村主任GXY的访谈，2017：11-10）

GXY的回忆中带有悲伤的情愫，仿佛能够看到他当年经历的波折与无奈，一个跌跌撞撞叩击市场大门的农民形象跃然纸上。虽然村集体拥有土地、资本和劳动力等生产要素，但缺少信息、技术等关键要素，没有后者厂子就建不起来。作为一个内地乡村，瓦村和费孝通、张之毅笔下的易村一样，“所谓内地不单是指它地理的位置，也指它经济的处境”①。征地前的瓦村人，种地是主要营生手段，人均两亩耕地，通常一户五口人，差不多十亩土地；兼有少许副业，如饲养鸡、猪、羊等，没有家庭手工业和作坊工业。几乎每家每户都饲养家禽牲畜，但不成规模，用处也不同，母鸡下蛋，公鸡则在逢年过节时被屠宰供食用（供奉祖先后食用），鸡毛用来打造鸡毛掸子。猪和羊主要用来售卖，幼崽的时候买进，养大养肥了通过熟人或定期乡村集会卖出，偶有村民自己屠宰论斤出售，但这样的交易很少。村里每户大约有5棵核桃树，每年中秋节前后收取果实，经“晾晒—去皮—再晾晒”处理后，留少许自用，其余全部售卖。以村庄为主体的市场行为大抵如此，市

① 费孝通：《中国城乡发展的道路》，上海：上海人民出版社，2016年，第31页。

场在村民心中也仅仅是“购买需求品的地方”，“缺甚到市场上买就行了”，“等‘赶会’[①]的时候在市场上看看”等日常性言语表述可以窥见其对市场的自我见解。而这些传统的旧存认知在“建厂—办厂”这件工业化、市场化极强的大事上却作用甚微，“把事情想简单了”既是GXY个人的“顿悟”，更是村庄地方性知识特别是市场知识乏力表现出来的窘态。对于村庄来讲，解决问题的办法依旧是地方知识——绵延的社会关系网、GXY广博的社会关系以及关系的发动勾连能力是解决问题的关键，“建炉”的技术和信息都是通过关系圈或关系资源[②]发掘的，这不同于传统意义上的差序网络。这里，以己为中心向外发力的血缘亲属格局转变为向非亲属关系发力的跨圈层网络格局[③]（见图3–1），GXY通过多方努力弥补了村庄技术、信息方面的缺陷，打通了村庄与工业化之间的重要链条。

---

① “赶会”是村民定期前往某一个乡村集会地购买日常生活品。

② 关系资源亦是社会资本。折晓叶认为，“这些资源就是特定的社会关系、家庭关系、亲属网络，还有种种感情、信任、承诺及其他文化价值观和道德标准约束的人际关系等等，这些构成他们特有的一大笔社会资本……有了这种资源，作为整体的他们就有了参与竞争的力量，就可以为提高整体的社会经济地位而努力。”（参见折晓叶：《村庄的再造——一个“超级村庄”的社会变迁》，北京：中国社会科学出版社，1997年，第7页。）李路路认为，社会资本“在形式上表现为社会关系网络，但这是一种特殊的社会关系网络，具有人性‘亲密性和排他性’的特点……资源、信息、社会支持可以借助这个网络运动”。（参见李路路：《社会资本与私营企业家——中国社会结构转型的特殊动力》，《社会学研究》1995年第6期。）

③ 差序格局的转变应该是差序关系的扩充，它在原有血缘、亲缘甚至姻缘的基础上向非亲属网络推进，围绕个体形成多重的差序格局场域，在这个场域中，个体可以拓展和利用更多的关系资源从而获得更多的机会和能力证明。

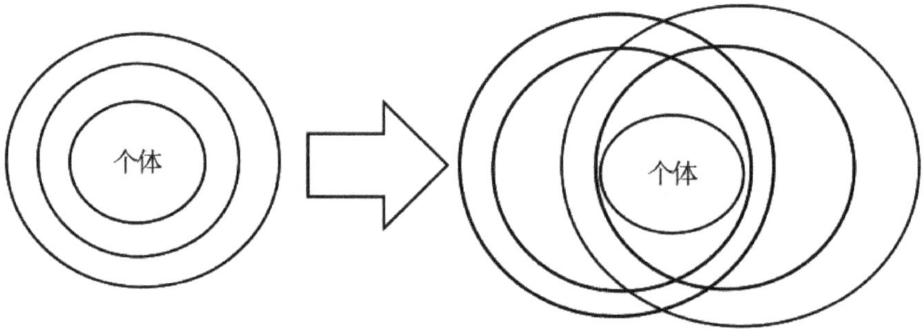

图3–1 差序场的转变

大约在1989年12月中旬，名为“X县Q镇瓦村耐火材料厂”的“铝炉”建成了，主要业务是将铝矾土（生铝）高温炼制成熟铝进行销售，属铝加工初级产业。厂址经由D铝厂负责人推荐，建在村子东南角——一个丁字路口上，向北可以通往D铝厂一期采矿区，向南途经铝厂生活区、Q镇并经321省道直通城市，交通非常便利。共建有“蒙古包”[①]倒焰炉（窑）两座，直径为8米，窑高11米左右，外围用保温砖砌成，内壁用高铝砖砌成，两窑距离大约4米。设计能力为每窑烧铝200吨。窑四周共有8个填煤口和倒灰口，有入口和出口用于填入生铝和运出熟铝，能够容纳胶轮铁斗车[②]出入。窑的东西两侧分别预留一块空地，用来存放生铝和熟铝。另外，建有平房5间用于办公，四周用土砖筑起高高的围墙，大门设在南边，“X县Q镇瓦村耐火材料厂”几个大字很醒目地立在大门门楣上，从南边走来远远就能看到。

厂子建好了，次年即1990年的1月村子举办了隆重的“开炉”[③]仪式，几乎全村老少都聚集在新建厂子里，两座窑同时填煤加料点火，村委书记兼

① 因倒焰窑外形酷似蒙古包，所以当地人也直称“蒙古包”。

② 胶轮铁斗车，当地也称“平车”。

③ “开炉”即开火烧铝，正式开工生产的意思。

村主任GXY发表了热情洋溢的讲话，勾画了耐火材料厂的美好未来，村民们个个脸上洋溢着笑容。

> 高兴，怎的能不高兴，看铝矿（D铝厂）的挖矿挣钱，眼奉人咧，有了自家的厂子，咱也和他们（D铝厂工人）一样了。（瓦村村民HZT的访谈，2017：11-12）

即便是时隔近30年，大多村民回忆起当时的情形，依旧掩饰不住内心的喜悦。或许对他们而言，厂房不仅仅是厂房，而是希望的表征，通过厂子，村庄与矿产资源（铝矿石）建立了明确关联，这使得他们与住楼房的D铝厂职工“看起来”达成了职业身份的一致，有了这层身份的认同，村民打心眼里就认为实现了“由‘土’到‘矿’”的生计逻辑转型。“开炉”点火的仪式恰是这种逻辑的象征化呈现，背后透着村庄进入工业市场的转型的喜悦，是村庄依托矿产资源优势而展开的一次矿产在场的尝试。

“开炉”即意味着厂子开始正式运营，工厂进入经营管理阶段。

> 怎么运行铝炉，这在当年也是个大问题，咱的确甚也不知道。有了建炉时的求人经验教训，从里边学了不少，最大的就是不会脑子冲动就干事。建炉的那段日子里，我也一直在四处寻人了解信息情况，市里的铝业公司当时一直联系着，人家也给了不少帮助，出了很多好的主意，实话实说，在铝炉（厂）设置采购、生产和销售三个部门就是他们给的建议。还有一个就是铝矿（D铝厂）的一个副矿长，推荐了卖铝（熟铝）的地方。后来我派人专门去考察了好几回。还是那句话，办厂子村里的人谁也没搞过，不求人指点能办成？（时任瓦村村主任GXY的访谈，2017：11-10）

“铝炉”有具体负责生产经营的厂长，是XY指定的，XY是总负责人，说白了就是甩手掌柜。有出纳（会计）1人，收铝矿（生铝-铝矾土）的3人还是4人，加煤烧火的20多个人，外销开始的时候是我一个人，后来又加了一个人。办公室大概有3个人。算下来全村除了老人、女人、小孩差不多都在厂子里上班。（瓦村村民GZH的访谈，2017：11-12）

无论是GXY个人自述还是村民回忆，有两个信息是可以确证的，一是作为“强人”的GXY通过多方努力获取了经营管理“铝炉”的知识——一套较为全面完整的工业市场知识，恰是这套知识为其经营提供了先在性指导；二是GXY依据获悉的知识体系搭建了“铝炉（厂）”的组织架构。图3-2展示的是该厂基本的内部组织管理结构。

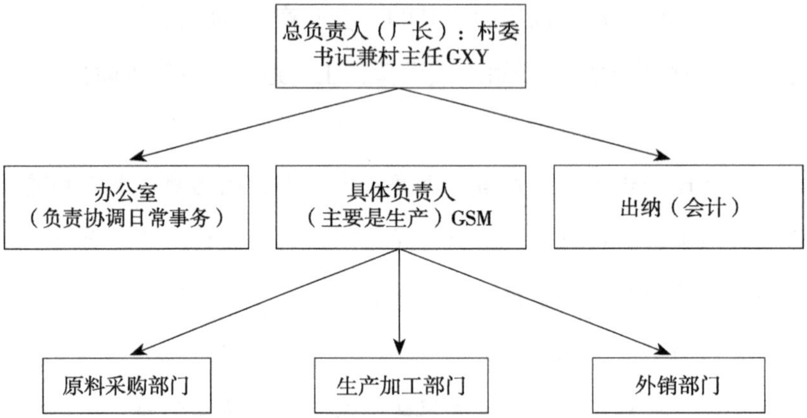

图3-2 耐火材料厂基本组织结构

在具体经营中，主要围绕原料采购、生产加工和熟铝销售三个程序展开。生产熟铝所需要的原材料主要有两种，一是铝矾土，即村民口中的铝矿石；二是燃料，以煤炭（低硫煤）为主。严格意义上，熟铝的原材料只有铝矾土，而煤炭是辅助生产的材料。因此这里所说的原料市场专指铝矾土市场。铝矾土的主要来源是附近J市的矿石采掘厂，还有附近村庄零星私人挖掘提供，收购价格大概在每吨38元，私人提供的价位低一些，相较正规采掘厂每吨少10元。生产通过两座倒焰窑进行，工艺过程非常简单，几乎都是人力操作流程，没有现代机械技术。由村民通过手推的胶轮铁斗车将铝矾土和煤炭按照一定比例填充入窑洞，烧好的熟铝从窑洞运出到装上卡车也基本依靠人力来完成。在具体生产中，通常3人一班，白天黑夜轮转，正常5天出一窑熟铝，有时候是7—8天，主要视铝矾土、煤炭的比例和品级而定。烧好的熟铝大部分销往河南焦作一个铝厂，品级不同，价格不同，比如特级每吨300元左右，一级每吨180—190元，基本上一个星期能够产出两窑熟铝，合计360吨，达不到400吨的设计产能。当厂子存铝达到2000吨的时候，厂子的两个专门销售人员就电话联络买方——河南焦作某铝厂，铝厂会择日安排货车来村庄运铝。根据村民回忆，当时基本上足不出户就能将熟铝卖出去，属于销售的“坐商”阶段。

从1990年1月到1991年夏天的一年半时间里，厂子采购铝矾土原料约26000吨，共生产熟铝23000余吨，其中特级铝大约9000吨，一级铝14000余吨，总计卖出500余万元，减除采购原材料成本200万元左右（铝矾土

100余万元+煤炭130余万元），收入大概在270万元左右。[①] 实际上，净收入远远低于这个数字，如果将人员成本、村庄福利等统计在内，最后收益满打满算也就150万元的样子。[②]

（三）转让—夭折[③]

1991年6月，瓦村在“储料场”召开了一次特别的全体村民会议，研究讨论“铝炉”的出路问题。会上村主任兼厂长的GXY做了发言，大致意思是：厂子经营出了状况，销售的货款收不回来，导致耐火砖、煤炭、铝矿石等原料购买和村民工资都出现问题，厂子难以为继，现在最好的出路是转让，村集体已经联系到一个叫WH的外村人，愿意以每年1万元的费用接手。接下来村民们进行了“激烈”的讨论，有赞成的，有反对的。

> ……确实干不下去了。主要是资金周转出了问题。烧好的铝对方不会把钱全都结清，刚开始押一半，到后来1990年下半年就全押了，铝等于是白给人家了，钱要不回来，派出去好几拨人都没用。厂子转让的时候外头欠村里100多万元。铝炉进料（采购铝矾土）、买煤、还有

---

① 村中关于厂子的账本无从获悉，数据是根据多数村民回忆粗略计算而得。大概200吨铝矾土原料能够产出180吨的熟铝，估算铝矾土有26000余吨，花费100万左右。在具体烧制过程中，使用普通煤和低硫煤，前3天使用普通煤，价格100多元，第4天开始使用低硫煤，价格是320元，一窑用煤50吨，煤炭的使用费用约为10500元/窑，总共费用130余万。卖出500余万元，减去230万元原料成本，收入大概是270万元。

② 在回忆中了解数据，特别是收入方面的资料，显得非常吃力。大部分参与村民对工厂的工资收入讳莫如深，多以“记不清了，年代太长了”为由给予答复。得出150万元的收益结论是基于被访谈村民经常说的“应该有150—160万元，看着是赔钱了，但实际上没有，村里的头没公布账本，谁也搞不清楚”。这种源于村民日常话语的出奇一致应该能够反映一定的实际情况。

③ “夭折”是从瓦村的立场给予的认定，指的是村集体作为办厂主体的快速失败，实际上厂子依旧存在，但以转让的形式实现了易主。

村里人的工资都要钱，你想想，卖了东西收不回钱，等于是亏本买卖。还有一个原因，咱千方百计建了厂子，村里的人不给好好干，有一回，负责收铝（铝矾土）的人竟然收回半车石头，石头混在铝里，烧出来的东西能好了？厂子的煤也是经常被人悄悄咪咪地“偷”回自己家里，咱心里知道，但不能说，一个村的，都是一个祖先，说谁也不对，落不下好。（时任瓦村村主任GXY的访谈，2017：11–10）

实际上开会之前这个消息村民们都知道了，铝炉的情况大家也都清楚。但是，开会时候还是吵得厉害，大约有六成的村民赞成，理由很简单：确实是运行不下去了，已经4个月不发工资了，转让了还能拿点钱回来，把工资补发了，以后每年的转让费积累起来再图发展。反对的人以GZH为代表，他们认为，困难是一时的，坚持坚持，把生产经营管理抓一抓，把外边的债务能要一点就要一点，厂子还是有希望的。但讨论终归是讨论，最后举手表决，毫无悬念，以多数赞成转让而结束会议。（瓦村村民GLX的访谈，2017：11–14）

我是跑销售的，经常到河南一带走动，卖铝的钱也不是完全收不回来，是收得慢、收得少。结账周期变长了，但我们跑了几回，多多少少是要回来了一些。资金周转的确是问题，但不是主要的，关键是转型升级没有跟上。我当时在会上就提出投资耐火砖项目，在烧熟铝的基础上，再上马压力机、球磨机、粉碎机设备，搞深加工。有些人愿意坚持，但多数人不愿意，说到底还是害怕有风险，怕把剩下的钱全赔进去。如果当时听了我的话上这个项目，绝对能赚钱。当时市面上缺耐火砖，紧缺得厉害。（瓦村村民GZH的访谈，2017：11–12）

这么大的事不是一次会议就决定了的，开全体村民会议之前，村集体班子已经开过好几轮会议了，继续开还是转包给个人，已经有了初步的结果。我们定的是转包给个人，及时减少亏损。卖熟铝的钱收不回来，生产进行不下去，村里人的工资都发不出去，更别说之前说过的年底奖励部分了。开大会就是征得全体村民同意，在程序上、感情上过得去。我当年是出纳，厂子的经营情况我最清楚，在大会上把一年来的收支给大家一看，村里人大都没话说了。（时任瓦村会计GZL的访谈，2017：11-9）

对于过去某个时代或事件的记忆，具有多种表达形式，但几乎每一种记忆都具有集体的特征①，将过往的实践过程置于一种历史的或现实的集体环境中来阐释。时隔二十六年之久，村民对于决定“铝炉（厂）”转让的会议依然“历历在目”，并达成了集体性的一致记忆。从村民的访谈中可以发现，导致厂子转让的主要因素是资金链断裂，销售货款收不回来，继续再生产难以维持。无论是支持者，还是反对者，在这一点上是没有争议的。对于初次进入工业市场的村庄而言，一开始建厂就充满着探索性改革的预设，边学边做是村庄第一次站在工业门口的真实写照。因此，这种探索具有很大的风险性和挑战性，首先是市场边界的扩大。办厂打破甚至颠覆了村庄对市场的原有认知。过去村庄的主业是农业，特征是围绕土地讨生活；主业之余从事副业，副业的买卖大多限定于囊括着多个村落的基层社区市场之中，村庄经济生活的开放性既体现在个体村落中，也包含于一组一组的村庄市场共同体中。换句话讲，乡村中的传统市场结构简单、规模有限且开放程度不高，多以本地市场为主，尚未发育出独立的体系，市场不过是内嵌于村庄共同体的一种结构。② 但是，“铝炉（厂）”超越这种结构，村庄被拉入到由劳动力、资本、土地三个要素编织起来的市场网络之中，村庄社会成为市场体系的一

---

① E.W. Invention，Memory and Place，*Critical Inquiry*，2000，16：175-192.

② 郭占峰、李轶星、张森、黄民杰：《村庄市场共同体的形成与农村社区治理转型 —— 基于陕西袁家村的考察》，《中国农村观察》2021年第1期。

部分。在市场经济原则下，经济往来不再囿于村庄社会内部，村庄有限的“市场知识”在“大市场”面前遭遇了“滑铁卢”式的“打击”，这也许是货款被压资金链断裂的背后原因；其次是治厂经验的不足，或者说是传统治村逻辑与市场化治厂逻辑“交织”引发的治理困境。办厂之前的村庄，市场是内嵌于村庄社会中的，基于血缘、亲缘、地缘构建的村落共同体在治理中可以起到很好的作用。办厂之后，厂子的市场逻辑要求与之相匹配的治理转型，但这个转变没有在瓦村出现。比如，在处理村民“偷拿”煤回家的违规行为时，村主任兼厂长GXY囿于同村同族同源的传统考量，采取“知道但不点破”的方式。在普通村民的“自我建构”式个体记忆当中，诸如“都是一个村的，拿点也不会有什么大问题”的断续性只言片语也折射了这一点；还有一个是相对保守的传统情结。在继续办还是转让的讨论上，多数村民的选择证明了这一点。可以说，村民的选择更多是基于理性的，在面对可能出现的更大风险面前，他们中的多数会在基于自身的或者村庄共同层面的“安全阈值”内作出当时当地“最正确”的选择。虽然，事后访谈中很多村民均表示后悔当初的决定[①]，但时过境迁，已经于事无补。

事实上，不管出于何种原因，只经营运作了一年半的“铝炉（厂）”最终以转让方式宣告了其终结，面对工业化、市场化的集体性实践“变相”失败了。但是，这次集体办厂的“起承转合”却变相促成了两件事：一是对村集体的依附性大大减弱，对村干部的能力产生怀疑；二是通过村集体办厂，他们撬开了进入市场的大门，跌跌撞撞触摸到了农业以外的工业边界，在“铝炉（厂）”失败的情况下，他们转而将希望投向自身，将目光聚焦在矿产资源上，开始了属于自己的工业——市场实践。

① 虽然这个“悔意”建立在WH承包铝炉后，短短5年就成为镇里的“有钱人”。

第二节 进入工业市场的个体实践（1991—2008）

经过D铝厂进村和村集体创办工业两件“大事”后，窑村无论是外观还是本质上，都发生了深刻变化。它不仅仅是“一群向土地讨生活的农民相守的地方”[①]，还形成了一种以“矿产”为中心的多元经济共存聚集区。

一、依附性经济：村内小商业的兴起

D铝厂进村对村庄发展的影响是多方位的。除了耕地大幅减少、农转非、村庄边界变迁以及“矿产”的市场逻辑渐入村庄社区生活外，还有一个重要改变：大量外来人口迅速向村庄聚集。1987年初，窑村本村在籍人口486余人，而外来人口有200余人，主要是铝厂的职工。到2008年初，本村人口增长到601人，外来人口则增长到2000余人，包括铝厂不断增长的职工和受雇于村民个体“小矿厂”[②]的外地人。人口的迅速聚集，在村内形成较为庞大的消费市场，从而带动村庄依附性经济兴起。

这类经济主要包括房屋租赁、小商店、蔬菜肉食店、理发店、裁缝店、饭店、录像厅、汽修厂、小诊所、出租车等10个方面，几乎涵盖了日常生活的全部。表3-1呈现了窑村三个时间点依附性经济类型的变化。

---

① 折晓叶：《村庄的再造：一个“超级村庄”的社会变迁》，北京：中国社会科学出版社，1997年，第112页。

② “小矿厂”是指当地村民个体开的铝矿石初加工厂、铁矿石“集堆厂”、选矿厂等，这部分在后边“自主性经济”中详细阐释。

表3–1　窑村1991年、2003年、2008年依附性经济类型的变化
（资料来源：根据访谈资料整理）

	1991年	2003年	2008年
1.出租房屋（间）	18	101	186
2.小商店（间）	1	4	8
3.蔬菜肉食店（间）	0	2	4
4.理发店（间）	0	3	6
5.裁缝店（间）	0	2	4
6.饭店（间）	0	4	6
7.录像厅（间）	0	1	3
8.汽修厂（间）	0	2	4
9.小诊所（间）	1	3	6
10.出租车①（辆）	1	8	14
合计②	22+1	122+8	224+14

从表3–1可以看出村庄依附性经济的一些特征：（1）主要集中在服务领域，与人们的吃、穿、住、用、行、休闲娱乐等紧密相关。（2）从1991年到2008年，10个方面均出现正增长。其中，出租房屋数量增长最快，17年间增长了10倍，这与外来人口不断涌入村庄有直接关系。随着D铝厂采矿的不断推进，大量职工进入村域工作生活，虽然1995年左右铝厂为职工专门兴建了住宅小区，分散了村庄租房人数，但同一时期村庄“小矿厂”的兴起吸引了大量外来务工人员，人数不减反增，推动了村庄“房租经济”③的繁荣。据村民回忆，“最多时候村里的外地人有2000左右，几乎家家户户都

① 主要跑短途，由窑村到镇上或矿区。
② 统计单位不同，采取加法表示。
③ 访谈发现，从1991年到2008年，“房租经济”是窑村所有村民的共性收入来源。

有房屋出租”。村庄的“炕”是通铺结构，一张炕最多可容纳5人睡觉，这不仅解决了房屋供给侧的问题，而且大大降低了租房人成本，达成“双赢”结果。（3）其他方面（出租车、小诊所、汽修厂）同比有所增长，但由于行业特性[①]和附近村落竞争，增幅不是很明显。理发店和裁缝店过去是邻里互惠行为，嵌入在村庄共同体网络中，没有交易一说，但随着村内出现大量外来人口，村庄不再是一个纯粹的熟人社会之后，这两个行业也逐渐转变为商业行为了。

在经营主体方面，这些依附性小商业全部为私人经营，有村民也有外来的小商户。多年来，除了一家饭店由四川人经营外，其余全部由本村村民经营。村民的消费只占其中很小一部分，主要服务对象为外来打工者。一位开小商店的村民这样说：

> 过去（1990年之前），前后三个村只有HLX一家小卖部，村里买日常生活用品基本都在她那里。后来铝厂征地，第一拨外地人进村了，一个小卖部明显不够，2001年RGX开了另外一个小卖部。再后来，大概2003年，第二拨外地人来了，他们不是铝厂的职工，纯粹是来村里打工的，主要是四川人，他们爱吃爱享受，于是，村里就又开了几个小卖部。我大概是2004年开的，到2008年的时候，光村子里的小卖部就有7家，还有一家在村东边的选矿厂里。小卖部里什么都卖，从小食品到小针线、洗衣粉、化妆品，什么都有。小卖部生意都不错，人多嘛，需要就多，需要多了，买卖就好。竞争有，但抵不过人多。如果不是2008年以后铝厂采掘快结束和挖矿不景气，外地人还多的话，我的小

---

① 比如，出租车对司机有驾驶证以及车辆营运证有要求，诊所对医师资格证有规定，汽修厂需要长期的技能培训，从业者从学习到上岗需要较长周期，因此增幅不是特别显著。

卖部还会一直做下去。（村民GDH的访谈，2016：9-15）

村民GDH的叙述透露出这样一种关系：村庄小商业与外来人口的消费市场紧密相关，而外来人口的多少又与D铝厂采掘进度、经营状况以及村庄“小矿厂”经济有密切关系。换言之，以矿产资源为中心的D铝厂和村庄“小矿厂”的生存境况决定着外来人口村域消费的稳定性。因此，这种以小商业形式大量存在的个体经济带有对外来人口消费市场，进而对D铝厂和村庄“小矿厂”强烈的依附性。这种依附，归根到底是对矿产资源的依附。不同于传统意义上猪、牛、羊、鸡等养殖副业对农业的内向型依附，它属于“新”的外向型依附性经济。

二、自营性经济：私人“小矿厂”的兴办

如果说依附性小商业经济是源于外来人口进入村庄引发的消费效应，那么围绕矿产资源进行的探索则是村民依靠自身资源条件和优势展开的“内源性”实践。瓦村村办工厂的流产，在打消师村和安村集体行动想法的同时，却激发了部分村民“投身”矿产实践的想象力。他们通过开办一些小规模的“小矿厂”来彰显主体性存在，并将这种想象力置于村域内外场域之中，掀起了一股自营性经济的“潮流”。

（一）耐火材料厂

窑村第一个以个人名义创办耐火材料厂（也叫铝矿石初加工厂）的人是GXY。作为瓦村村主任，他带领村民创办了村营工厂，并亲历了从发起到转让夭折的全过程。当整个村庄因办厂失败而按下进军工业市场“暂停键”的时候，他再一次“站了出来”。

当时怎么想的？说实话，放不下。村里的耐火厂按照我的规划应该能带领村民致富的，熟铝的市场形势那么好，可人算不如天算，偏偏在销售、回款环节卡住了。毕竟是大家伙的钱，当时的情况，再投入进去，万一连本都赔进去，村里人还不把我家祖坟给刨了。厂子转包后，我自己总结了一下，发现自己过去对市场规则不了解，对合同一知半解，用人管理方面也有问题。去外省一些厂子走了走，了解了经营管理方面的知识，这个项目还是能赚钱的，再加上村庄铝矿资源很多，于是就有了自己开厂子的想法。我这个人属于有想法就干的人，大不了再丢一回人。（时任瓦村村主任GXY的访谈，2016：8-20）

从GXY的描述中可知，个人特质是创办耐火材料厂的关键。GXY不服输的性格、善于总结经验再尝试的胆量以及极强的行动力推动了办厂的个体化实践。1993年，GXY东拼西凑了50余万元，以一年1500元的租金租用了村庄南边一片小荒坡，简单整平修建了一座倒焰炉（窑），设计产能200吨，规格与1991年村办耐火材料厂一样，主要开发生产生熟铝矾土。在厂子组织架构方面，GXY身兼数职，既是厂长、采购，又是销售。初期，雇佣外地人（四川、山东）5—8名负责具体生产，没有本村人加入。2000年，厂子规模扩大，增加了1座倒焰炉，增盖了办公平房10间，分别设置了生、熟铝储料场两个。雇工增加到25人，其中本村村民8人，大多为女性，主要任务是分拣生熟铝，采取计量工资制，按照分拣吨数发放工资。村民成为本村“老板”的雇工，表明工业生产逻辑开始嵌入村庄社会，熟人社会的边界再一次被打破。特别是当大规模外来人口进入雇佣体系当中，围绕“矿产”呈现的工业化实践推动村庄市场化转型又向前迈进了一步。

由于开办耐火材料厂需要“巨额”启动资金（大概在50万元，规模大点的投入更高），所以2002年前窑村仅有GXY一家。但是到了2008年[①]，村庄个体耐火材料厂迅速达到6家。除了GXY属于个人单独创办独资经营外，其余5家均采取合作形式，有两家是兄弟合伙，3家是村里人与外村（地）（与D铝厂的职工、附近村庄有财力的人）人合伙。合伙经营共享利益的同时，也更好地规避了风险。这一点变相佐证了李培林所说的“农民的经济理性一旦爆发，其结果又往往令人始料不及”[②]。我们可以从2008年村庄私人耐火材料厂基本情况表中进一步理解这一点（见表3–2）。

表3–2　窑村2008年村庄私人耐火材料厂的基本情况（资料来源：根据访谈资料整理）

厂名	合作形式	创建年份（年）	规模（拥有的倒焰炉个数）	雇佣人数（人）	
				本村村民	外地人
XY耐火材料厂	独资	1993	2	10	15
HF铝炉厂	两兄弟合伙	2003	1	8	14
YS铝矿石加工厂	三兄弟合伙	2003	1	6	15
PF耐火材料厂	与D铝厂两个员工合伙	2004	2	6	23
WR铝炉	与福建商人合伙	2005	2	2	25
TT耐火材料厂	与邻村人合伙	2007	1	8	14
合计			9	50	106

表3–2反映了村民个体铝矾土耐火材料厂的一些特征：（1）办厂者大都

① 对于窑村大多数人来说，2004年至2008年是矿产经济最繁荣的年份，他们通过附带性经济、“地下经济”“运输业”等积累了可观的财富，而这笔财富也为他们投资建厂（小规模）提供了重要基础。

② 李培林：《村落的终结——羊城村的故事》，北京：商务印书馆，2004年，第62页。

采取“合伙人”的形式创办和经营企业（除GXY外），占比达83.3%。合伙对象包含几类人：自家兄弟、外村（地）人。通过合伙一方面解决了起步资金问题，另一方面面对不可预知的投资风险，合伙人制度可以有效减少或规避风险，这一点说明部分窑村人的经济理性特征。（2）办厂时间大都集中在2004年左右（除GXY外），这个时间点正是当时全国矿产经济走高的时段，且一些“走在前面”的村民前期通过依附性经济、矿产运输以及“地下经济”积累了一定经济资本，投资耐火材料厂成为一部分人的理性选择。（3）这些厂子规模都不大，平均建有倒焰炉数是1.5个。一定程度反映了当时村民在面对工业市场时，投资的谨慎性和实际投入能力。（4）在雇佣方面，本村村民和外地人都能进入小厂劳动。但外地人的数量要远远多于本村人，且在访谈中发现，只有HF铝炉厂和YS铝矿石加工厂雇佣本村人参与管理，多数村民（主要是四十岁以上女性）在耐火材料厂主要从事分拣生、熟铝工作，其原因可能是分拣耗时长，需要极大耐心，这是大多数男性不适合做的。[①]相比本村人，这些办厂者认为，与外地人之间没有那么多“弯弯绕”，按照事先说好的条件执行即可，既简单明了，又不会惹是非。

此外，访谈中我们也发现，这些办厂者（亦可称为村庄“先富者”）都是村民心目中的“能人”，“懂政策、胆子大、敢行动”是村民对他们的评价。除此之外，这些人“在权衡成本、收益和风险时，心中都会有一本账，在闭塞的、孤立的、分散的范围以内，他们都是精打细算的‘经济人’”[②]。或者说，基于利益秩序优先的市场化考量，最早嵌套于这些村庄“能人”的

---

① 村里有一个“传统”：男人不能受雇于熟人，这样显得没有面子，也许这也是村庄男性村民在耐火材料厂工作不多的原因之一。另外，访谈中，这些举办者都表达了一个共同观点：用太熟的人不好管理，特别是同龄人。这也从侧面反映出市场与村庄熟人逻辑发生碰撞时，市场逻辑在厂子经营管理中会占据上风。

② Theodore W.Schultz.Nobel Lecture.The Economics of Being Poor.*The Journal of Political Economy*, Vol.88, No.4 (Aug., 1980), pp.639-651.

价值世界中，人情秩序则被放在其基本利益得到保障之后，这一点可以从本村人和外地人在厂子里的占比窥见一斑。

（二）铁矿“集堆”场、选矿厂与铁厂

窑村不仅拥有丰富的铝矿石资源，也有一定储量的铁矿石资源。据村里人回忆，“市里国土部门曾经探测过，有一定储量，但比较分散，且铁矿的品质比较一般，不适合大规模采矿”。关于这个说法，也得到了时任师村村主任HJW的证实。

“大炼钢铁”年代，村里就挖过铁矿，用自制“土炉”炼铁。那个时候我们就知道村里有铁矿，但具体有多少，谁也不清楚。后来1986年铝厂（D铝厂）来征地，在整个村庄探矿勘测，发现了大量集中的铝矿，也发现了铁矿。当时我在现场，探矿队勘测完后对铁矿的结论是：有一定储量，但不多，而且比较分散，矿质也一般。这是当时的说法，我认为比较科学。（时任师村村主任HJW的访谈，2016：8–10）

依托本地较为丰富的铁矿石资源，当时市、乡镇创办了一批集体矿山企业（“铁厂”）。2000年，部分铁厂因经营不善或倒闭或转让承包，窑村村民WSH看到了机会。

我的一个表哥在J县（邻县）W乡政府工作，过年走亲戚和我说起W乡铁厂承包的消息，他说了很多关于铁厂的信息。当时觉得是个机会，虽然有风险，但试一试或许能够成功。村里地底下有铁矿，可以解决原料问题，把生产和销售把关好，找到市场，铁厂就活过来了。（师村村民WSH的访谈，2016：8–10）

当时，WSH是村里小学的一名“代课老师”[①]，由于一些原因一直未能转为公办教师。相较于其他村民，他是村里为数不多念过高中的人，被村里人称呼为“秀才”，也是村庄“能人”。与亲戚之间的谈话激发了他“改行”的念头，并在亲戚“牵线”下于2000年6月顺利承包了W乡铁厂，主要经营铁矿石收购和精矿提取业务。

WSH接手铁厂后，大力推行生产管理改革，经过两年时间，厂子扭亏为盈。2003年，铁矿石价格上涨，从之前的每吨70元左右上涨到每吨120–200元左右，铁厂前景一片光明。为了充分利用窑村丰富的铁矿石资源，WSH开始在村庄周围租用荒山荒地设置“集堆场”和“选矿厂”。“集堆”是指将分散的铁矿石集中到一起，按照品级分类整理后再大规模运往铁矿厂，因收购的铁矿石往往会堆积如山，所以当地人称之为“集堆”。选矿属于铁矿的初级加工产业，选矿厂又称选厂，是专门利用各种选矿方法和工艺流程，从原矿中获取品味较高的精矿（俗称精粉）之工厂。（“集堆场”和选矿厂见图3–3、图3–4）

图3–3 窑村的一个“集堆场”

① 代课教师，是指在学校中没有事业编制的临时教师，1984年底以前他们被称为“民办教师”，在此前从教的临时教师基本被转正或清退，1985年，全国一刀切不允许再出现民办教师。但不少偏远贫困山区因财政困难而招不到公办老师或公办老师不愿去，这些空缺仍需临时教师来填补，他们转而被称为“代课教师”。他们没有任何“名分”，却在特定历史阶段发挥着积极作用。

图3–4　窑村的一个选矿厂

村域内的“集堆场”起初有两个，村里的矿基本都会送到这里，当场子里的储矿达到一定吨位数（1000吨以上）的时候，WSH会专门派大卡车或个体运输车运走。到2008年，“集堆场”数量已经达到12个，其中WSH一人拥有8个，剩下的4个由其他铁厂与本村人联合创办。作为铁厂产业链在村域内的延伸部分，“集堆场”最大的价值就在于能够“就地取材”、节约成本。收购的铁矿石除满足固定合作铁厂需求外，也会零星销往其他铁厂。

相较于“集堆场”，选矿厂的要求更高，一个选矿厂需要投入如运输装置、给矿机、取样机、称重机等很多大型设备，还需面积足够的大储矿场，前期必须投入资金远比“集堆场”多，因此，数量上并不多。同样作为铁厂产业链的一部分，它也依附于铁厂。村里第一个选矿厂也是由WSH创办的，建在村子的东南边，交通较为便利，附近有3个铁矿“集堆场”，便于直接采购矿石。到2008年的时候，村庄共有5个选矿厂，除WSH的外，其他皆由本村村民与乡镇、市铁厂联合成立。根据村民访谈，笔者整理了2008年村庄铁厂、“集堆场”和选矿厂基本情况（见表3–3）。

表3-3　窑村2008年村庄铁厂、“集堆场”和选矿厂基本情况
（资料来源：根据访谈资料整理）

厂子类别	创办形式	位置	数量（个）	雇佣人数（人）	
				本村村民	外地（村）人
铁厂	WSH独资	J市W乡	1	3	30
“集堆场”1-8	WSH独资	本村	8	24	0
“集堆场”9-12	村民与乡镇、市铁厂联合	本村	4	4	4
选矿厂1	WSH独资	本村	1	2	8
选矿厂2-5	村民与乡镇、市铁厂联合	本村	4	9	30
合计			18	42	72

注：调研中发现“集堆场”和选矿厂都没有具体命名，所以以编号呈现。“1-8”“1”代表WSH一人创办的“集堆场”、选矿厂；“9-12”“2-4”代表其他村民与乡镇、市铁厂联合创办的“集堆场”、选矿厂。

表3-3除了表明村民围绕铁矿展开的自营性经济基本情况外，也呈现了一些结构性特征：（1）在具体数量上，铁厂仅有1个、“集堆场”有12个，“选矿厂”有5个。造成差异的原因大致有两个方面：一是个体特质差异化导致个人与机遇耦合性问题。当机会来临时，不同村民的反应和应对是不同的；二是数量多少与投入成本呈反比。比如，“集堆场”前期投入（垫付）大约20万元，“选矿厂”大约100万左右。如果开厂（场）的成本过高，村民就会选择相对成本低风险小的投资，或者采取合作形式。（2）与耐火材料厂相似，除介入早收益早的个别村民（如WSH）外，后续办厂都采取合伙形式，村民规避风险、稳妥投资的经济理性再一次得到证明。（3）在厂子位置选择上，除WSH的铁厂在原厂址外，其他都在村域内，且都租用村庄荒山荒坡。建在村域内的“集堆场”“选矿厂”一方面可以“就近取矿”，另

一方面村庄熟人关系网络可以为其提供直接“庇护”，减少“本村 — 外村”区隔可能引发的纠纷。（4）在雇佣方面，同样呈现出与耐火材料厂大致相同的特征。但也存在一些区别，一是雇佣的本村村民以男性为主，且这些人都是厂子的管理层；二是由于“集堆场”主要用于收购铁矿石，不负责装车、卸车等劳动强度大的工作，所以雇佣外地（村）人不多，以本村拥有分辨铁矿品味技能的村民为主。同时，合伙办厂（场）均有外村人参与管理，这些人通常是铁矿厂派驻人员，人数不多，起平衡监督的作用；三是选矿厂雇佣外地人（主要是四川、山东、陕西等地）比较多，这和厂子的具体工作分工、规模有关系。这些选矿厂均有相对规范的管理规章制度和完善的采购销售网络，在当时算是较为完备的公司制企业。

（三）运输业

窑村的运输业最早出现于1994年，主要给GXY的耐火材料厂运输铝矾土。有两种获利方式：一是受雇于GXY，单纯地赚取运费；二是低价买入铝矾土，高价卖给耐火材料厂，主要赚取其中的差价和运费。2003年，伴随“集堆场”、选矿厂以及部分私挖滥采行为出现，运输需求剧增，窑村出现了“户户买卡车，家家搞运输”的热闹场面。

> （20）04年大儿子退伍回来，买了拉矿车跑运输，说白了就是倒买倒卖，钱没多赚，买卖的过程需要能说会道，但我们不太会，所以跑车没怎么赚钱。（20）05年左右的时候，村里一下多了30多辆大车，都是跑铁矿运输。有的人家一家就有两辆，有的有三辆。我不会说话，大儿子也是个“闷葫芦”，跑车吃亏，但村里的很多人都挣了钱。（村民WXZ的访谈，2016：8–19）
>
> 我跑车比较晚，挖矿赚了点钱，但老婆保守，孩子又多，不敢投资

买车，一辆二手东风车也要近10万。2003年的时候，看村里很多人都买车跑矿，着急了，赚钱靠的是机会，错过了就不行了。于是和SL一人出一半钱合伙买了一辆东风车，他开车，我联系矿口和收矿的地方。2005年，我独自购买了拉煤王，一个月2000元雇了一个司机，一直跑到2008年。（村民ZLY的访谈，2016：9-13）

村民ZLY是窑村公认的“跑车”[①] 比较厉害的人，虽然起步晚，但“能说会道”“能够吃苦”，所以跑车带给他和家庭丰厚的收入。根据他提供的记录，粗略整理其2006年1月—6月半年的运输收支明细（见表3-4）和部分运输账本（见图3-5）。

表3-4 2006年1月—6月ZLY跑运输收支明细
（资料来源：根据调研数据整理）

月份	运矿天数（天）	运矿车次（车）	买矿价格（元）	卖矿价格（元）	各项开支（修车、加油、补胎、司机工资，元）	毛利润（元）
1月	23	50	52980	72695	5710	14000
2月	14	50	33350	47600	6465	7785
3月	30	103	50850	75700	5500	19350
4月	21	53	32030	42630	3160	7440
5月	20	55	34510	46970	5470	6990
6月	27	89	55818	79811	6250	17743
合计	135	400	259538	365406	32555	73308

① 跑车，当地语言，指拉矿跑运输。

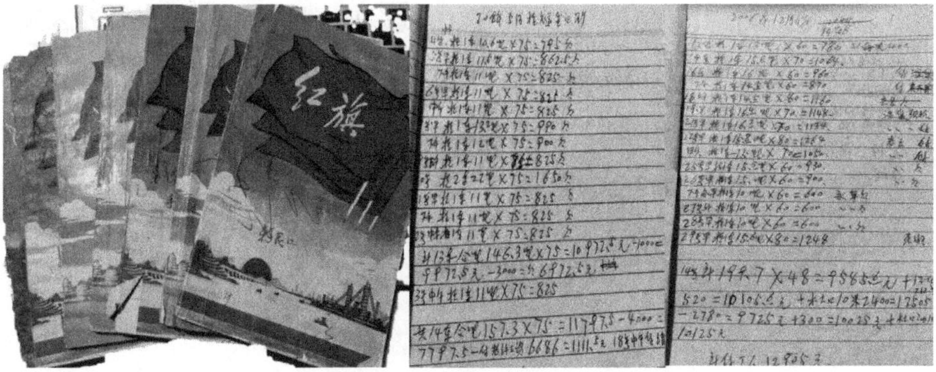

图3-5　村民ZLY跑运输的记账本

2006年，ZLY半年的运输收入达到73308元，平均每月12268元，这在村中属于中等偏上水平，大多数跑运输的基本也能达到月收入8000元以上。相对较高的收益极大诱发了村民的“跟风”行为，2003年，村中有运输车辆15辆左右，到2005年已经激增到50辆以上（以拉煤王居多），并保持继续增加的趋势。图3-6是村民2003年以后常用的“拉煤王”。

图3-6　村民跑运输的“拉煤王”

2008年，村域内运输车出现饱和，很多车主将目光转移到村外区域，有些胆子大的承接了跨市、跨省长途运输项目。此外，高强度高频次的运输作业在带来巨额财富的同时，也加速了车辆的损耗，于是汽车修理业随之壮大。据村民回忆，“2007年的时候，不仅村子里有修理厂，而且来回跑运输的路上也有，有些路段隔300-500米就有一个汽修厂”。可见当时矿产经济的兴旺程度。

三、私人挖矿

1994年—2008年，窑村除了依附性经济和自营性经济外，还存在着第三块经济—“地下经济”—私人挖矿。在市场对矿产资源（铁矿和铝矿）需求旺盛的背景下，在谋利获益的诱惑下，部分村民将致富目光锁定在矿产资源上，断断续续地从事私人挖矿的非法生意。这是窑村最受指责的一块，窑村也因此被地方政府和治安部门整治过多次。每次整治之后，私挖活动会收敛一段时间，但很快又会卷土重来。

作为工矿型乡镇，Q镇很早就开始了关于国家矿产资源相关法律知识的宣传教育活动。据当时的师村村主任回忆：

> 在（20世纪）80年代末、90年代初的时候，铝矿（D铝厂）征地不久，（19）88年开春，镇上召集全镇的村干部开了个会，宣读了国家的一些政策，特别强调了有关矿产资源开采的规定，就是不允许未经国家同意个人私自挖矿。我们回去立刻开会把这个规定告诉了村里的人。（时任师村村主任HJW的访谈，2016：9-18）

1986年，我国颁布了第一部关于矿产资源的法规——《中华人民共和国矿产资源法》，在第三条中明确规定，矿产资源属于国家所有。地表或者地下的矿产资源的国家所有权，不因其所依附的土地的所有权或者使用权的不同而改变。国家保障矿产资源的合理开发利用。禁止任何组织或者个人用任何手段侵占或者破坏矿产资源。各级人民政府必须加强矿产资源的保护工作。勘查矿产资源，必须依法登记。开采矿产资源，必须依法申请取得采矿权。国家保护合法的探矿权和采矿权不受侵犯，保障矿区和勘查作业区的生产秩序、工作秩序不受影响和破坏。第三十七条规定，乡镇集体矿山企业和个体采矿应当提高技术水平，提高矿产资源回收率。禁止乱挖滥采，破坏矿产资源。第三十九条规定，违反本法规定，未取得采矿许可证擅自采矿的，擅自进入国家规划矿区、对国民经济具有重要价值的矿区和他人矿区范围采矿的，擅自开采国家规定实行保护性开采的特定矿种的，责令停止开采、赔偿损失，没收采出的矿产品和违法所得，可以并处罚款；拒不停止开采，造成矿产资源破坏的，依照《刑法》第一百五十六条的规定对直接责任人员追究刑事责任。

此后一段时间，地方政府也适时深入村庄给村民讲解相关法律知识，特别是“送法下乡”开展以来，这种宣传更加频繁。比如，在醒目的墙壁上写上“禁止私挖滥采”的标语，开着宣传车绕着村庄广播，等等。然而，当D铝厂、耐火材料厂、“集堆场”和选矿厂如火如荼的致富场景不断冲击村民的眼球时，“禁止”的法律约束逐渐被谋利的个人欲望所侵蚀，一些村民开始了“偷偷摸摸”的“打矿洞”行为。

当时的情况是这样的，村里有能耐的人不是开铝炉，就是承包铁厂、选矿厂。这些人富得流油，买小轿车、在市里买房。我们普通人呢，要不给人家打工，要不老老实实种庄稼，赚得都是死工资，发不了财的。而且，村里的这些个厂子都需要大量的铁矿和铝矿，需求很大。

有需求就有市场嘛。“胆大的饿死胆小的”，国家不允许，偷摸着挖，不让挖了，咱就停下来。政府的人走了，咱再偷挖。（村民GWL的访谈，2016：8-8）

知道是违法的，所以偷偷摸摸地干。我和开铁厂的WSH是同学，人家搞得红红火火。我当年帮他经营一个“集堆场”，一个月给我3000块钱。开“集堆场”，要有人给送铁矿才能赚钱，铁矿从哪里来？有很多是附近村民偷挖运过来的。自己投资点工具，自己挖，钱来得比种地快，比给别人看厂子赚得多。所以，后来我也偷偷挖过一段时间，打过几个矿口。钱没赚太多，用挖矿的钱买了一个二手卡车，拉矿跑运输。靠这个供两个孩子上了大学。（村民GPW的访谈，2016：8-4）

在有些村民的认知中，存在着一种“明知违法偏要行”的矛盾悖论。至于背后的原因，村民也给出了自己的理由：一是与村庄中出现的部分“先富者”对比产生的巨大落差。他们的“私挖”行动是为了“抹平”财富差距；二是理性逻辑：铁厂、耐火材料厂、“集堆场”、选矿厂等对铁矿石、铝矿石原料有大量的需求，有需求就有市场。从这个角度看，那些所谓市场与村民“绝缘”的认识是值得商榷的。“一旦有了投资机会和有效的刺激，农民将会点石成金”[①]。最为重要的一点，村民的“私挖矿产”行为与合法的自营性经济就像是孪生体，整治了非法的地下经济，合法的自营性经济也由繁荣转为萧条了。这是村民“明知不可为而为之”，村领导采取“默认”式处理方法的根本原因。

① 西奥多·W·舒尔茨：《改造传统农业》，梁小民译，北京：商务印书馆，2016年，第5页。

“记忆会根据当下重构。”[①] 2016年访谈时，大多村干部、村民对“私挖”这件事采取“选择性遗忘”的策略。特别是问及具体“私挖了多少矿口”“通过私挖赚了多少钱”之类的问题时，集体建构的记忆出奇的一致。但通过观察了解村民“挖矿工具”的变迁，我们可以窥见当时较为喧嚣的图景（见表3-5）。

表3-5　1994—2008年挖矿工具及方式的变化（资料来源：根据调研资料整理）

	1994年	1995-1997年	1998-2000年	2001-2008年
生产工具	锤子、镐、铁锹、四轮小铁车、橡胶筐、煤油灯、电石灯	锤子、镐、铁锹、木制麻绳滑轮、橡胶筐、电石灯	锤子、镐、铁锹、铁质钢丝绳滑轮、橡胶筐、矿灯、安全帽	锤子、镐、铁锹、柴油发动机绞车、铁皮油桶、橡胶筐、扁担、矿灯、安全帽、吹风机、抽水机、发电机
人力投入（人数/矿洞）（人）	2-3	2-5	5-7	7-10
单波合伙人拥有矿洞数（个）	1	2-3	5-7	5-12
单个矿口月产量（吨）	50-60	70-80	90-100	150-200
爆炸品使用	未使用	未使用	未使用	间断使用
机械化程度	无	无	无	地面作业机械化

从表3-5中可以看出，从1994年到2008年的14年时间里，挖矿的工具始终处于不断变革当中。生产工具的改进、人力资本的投入、矿口的数量及

① 艾约博：《以竹为生：一个四川手工造纸村的20世纪社会史》，韩巍译，南京：江苏人民出版社，2016年，第146页。

产量以及机械化程度的变迁，都足以反映出当时“地下经济”的状况。这种变迁的背后一方面折射出村民与矿产资源的联系在不断加强，由“土”向“矿”的转变确实在村域中发生过；另一方面舒茨、波普金等笔下的“理性小农”形象跃然眼前，他们更换的不仅仅是挖掘工具，与利润相关的技术改进也在同步进行。

与此同时，Q镇政府不仅继续通过“标语”、广播、派出普法队伍等方式进行禁止宣传，也成立了专门机构开展长期专项整治。1995年成立“矿山联防队”，人员由全镇辖区内的退伍军人组成。机构的目标很明确，就是严厉打击各类私挖滥采，保护国家矿产资源。“矿山联防队”在窑村的各个路口、路段设卡，不定时在村庄中走访盘查，挖矿的村民则采取“躲猫猫”“掩盖现场”等策略应对，这样，“你来我走”“你走我来”式的剧情在村庄上演。其间，不少村民被“当场抓了现行”，但过了不久又回到村里继续玩这个“游戏”。据一位不愿透露姓名的当年联防队工作人员讲：“都是一个地方的，人和人之间大都相互有点联系，我不认识他，但有可能我父亲认识，也有可能我同学认识，甚至祖辈之间还有点亲戚关系。这就不好办了。”也许，这就是多年来基层治理的难点所在，即：乡土社会与现代国家治理如何科学互嵌的问题。当两种治理逻辑发生碰撞时，“我中有你、你中有我”的并存治理行动，必然会产生一些空白区域，而这恰也成为村庄“断续式”私挖矿产屡禁不止的一个重要原因。在这个场域中，村干部以身体在场的方式参与其中，再加上这种“地下经济”与合法经济之间较为紧密地孪生关联，多重因素导致了这种经济在一段时间内的存在。

第三节　职业分化（2008-2012）

2008年，窑村又迎来了变迁的“分水岭”[①]。这一年，从国家层面到地方层面都进一步加强了矿产经济的规范化管控，严厉打击非法采矿。2月27日，国土资源部、国家发展和改革委员会、公安部、监察部、财政部、商务部、国家工商行政管理总局、国家环境保护总局、国家安全生产监督管理总局联合下发了《关于开展整顿和规范矿产资源开发秩序“回头看”行动的通知》（国土资发【2008】40号），要求3月至5月，在全国范围内开展“回头看”行动，对无证勘采、超层越界开采、非法转让矿权、污染破坏环境、越权审批矿权等违法违规行为进行清查和打击，以便加快推进资源整合工作，使得矿业开发管理水平得以规范和提高。同年3月1日，省政府部署开展了为期3个月的打击非法违法采矿大排查大整治行动，严厉打击无证勘查开采、超层越界、以各种名义变相违法开采、关闭矿井死灰复燃等四类违法行为。在这样的政策背景下，村庄围绕资源展开的各类经济活动进入低谷时期。

首先，私挖矿产的非法经济进入停止状态。本身不合法的“地下活动”是这次“重拳出击”的主要整治对象。X市国土部门、监察部门、镇国土所、派出所和联防队频繁进出村庄，对“小矿口”进行填埋、查封，特别是对于极个别“夜间偷挖”的“顶风私采”村民依法依规给予相应处理。经过一段时间整治，村民私挖矿产的“地下经济”彻底消失。与之相伴的“从业者”开始分化，一部分进入尚在经营的耐火材料厂、铁厂和选矿厂，从事分拣工

① 第一次是1986年征地。

作——对原矿进行品位分级处理；一部分退回到土地上，过起了“纯农户”的生活。

其次，村民自营性经济开始大量萎缩。由于“地下经济”与合法经济之间存在密切联系，私挖矿产的消失，必然对村域内的自营性经济产生巨大影响。2012年，村中耐火材料厂由鼎盛时期的六个变成了两个，仅剩下GXY和WR两家。GXY因开厂早且时间长，在原料和销售方面都有广泛的渠道和网络。WR铝炉厂是本村村民WR与福建商人共同开办的，福建商人名下产业众多，不仅有铝炉厂，还经营房地产、酒店、饭店以及承接政府各类工程招标项目，资金实力雄厚，社会资本网络强大，强大的抗风险能力不仅规避了WR铝炉厂的倒闭风险，而且厂子在2008年以后迅速发展壮大。WSH建在W乡的铁厂依旧在经营，但村域内的“集堆场”和“选矿厂”全部关闭。其他村民合作开办的9个“集堆场”、4个“选矿厂”也在此期间陆续关停。同样受到波及的还有运输业，过去“户户有卡车”的情形一去不复返，大部分村民将车辆变卖转手，仅有少数凭借积累的关系网继续从事运输工作，但运输规模（包括拥有车的数量）锐减。在矿产企业萎缩的情形下，原先在厂子里就业的村民也发生了分化。少数人继续从事管理层工作，比如，从一开始就在GXY耐火材料厂、WR铝炉厂和WSH铁厂工作的村民，过去在管理岗位上的，基本职位不变，但工资待遇略有减少；过去在“集堆场”“选矿厂”工作的，大都调岗为原矿石分拣员。也有一部分村民转向镇上、市里的其他矿产相关企业，从事“技术员”工作。这部分群体人数不多，属于“稀缺”型人才，他们不仅能够辨析原矿石的品级，也具备矿产深加工领域的一些技术，如，破碎、磨矿、选矿、脱水等。他们没有接受过正规教育，能够较为熟练掌握这些技术完全源于其近三十年与矿产资源的深度接触。这种由身体实践、身体记忆所达成的技能获得可以称之为艾约博所说的技能“在体化”，即“技能总是在劳动过程中不断地被生产出来的”[①]，“矿产技能型”村民是这一群体的总称。基于此，在矿产“退场”后，他们依然固着在矿产资源所建构的位置上继续从事“矿业”类工作。

最后，村庄依附性经济逐渐退出村域。前面讲过，窑村的依附性经济得以不断扩张的根本原因在于外来人口迅速在村庄内聚集诱发的消费市场。外来人口主要集中在D铝厂、耐火材料厂、铁厂、“集堆场”和“选矿厂”，人数比例大概在90%左右，其余分散受雇于私人挖矿的“地下经济”中。在高峰时期，外来人口达到2000余人，远远超过本村村民。庞大的流动人口建构并推动了村庄小商店、理发店、租房、小诊所等的快速发展。2008年以后，一方面，D铝厂在村庄的开采工作接近尾声，很多职工离开村庄转向别的矿产资源丰富区域；另一方面，村庄以耐火材料厂、铁厂等为代表的矿业型经济衰退，私人挖矿终止，只有少量外地人在尚存的厂子里工作，其他人陆续离开村庄。外来人口大幅向外流动，直接导致村庄小商业市场衰退。据村民回忆，2012年，村庄有小商店两间，理发店1间，小饭店1间，小诊所两间，汽修厂1间，出租车3辆。相比2008年年初，整体数量急减，个别行业退出村域。退出小商业的村民，除少数进入原矿石分拣工作领域外，大部分人开始了半工半耕的生活——既种地又从事别的工作（比如，“行商”式卖菜、卖日用品等）。

以上呈现了2008年以后村民生计方式和职业分化的一个初步图景。村民职业分化方向有四种：（1）原矿石分拣员；（2）矿产型企业管理人员；（3）“矿产技能型”村民；（4）“纯农户”或“半工半耕”户。可以以瓦村为例。

---

① 艾约博：《以竹为生：一个四川手工造纸村的20世纪社会史》，韩巍 译，南京：江苏人民出版社，2016年，第14页。

表3-6 2012年瓦村劳动人口的职业分化情况

职业	人数（人）		小计（人）
	男	女	
厂长	3		3
副厂长	1		1
办公室负责人	1	1	2
出纳	1	1	2
生产负责人	1		1
选矿负责人	1		1
破碎、磨矿、选矿、脱水技术员	6		6
水电管理员	2		2
库管	2		2
门卫	3		3
矿石分拣员	63	71	134
厨师	2	13	15
司机（运输司机和出租车司机）	8		8
纯农户	5		5
半工半耕	12	10	22
合计	111	96	207

注：本表根据2016年瓦村驻村调研中访谈资绘制。2012年瓦村全村总人口约230人。表格中没有显示家务劳动的人数，实际上家务劳动是瓦村妇女的“专职”。在半工半耕方面，基本是以户为单位的，根据访谈粗略估算人数。

表3-6列出了瓦村2012年劳动年龄人口职业构成情况。从中可以看出：（1）村民以矿产为核心的生计方式依然在延续。从事矿产相关类工作的人

数占统计总数的87%，其他工作人数比例为13%。这充分说明，虽然政策调整对村庄矿产经济有影响，但依赖于矿场资源的生计惯性在2008年至2012年的四年期间仍是村庄的“主旋律”。（2）围绕矿产资源，如果按照管理人员（包括专业技术人员和经营人员）和体力劳动者将村民从事的职业划分为两大类，那么管理者阶层的人数占8.89%，体力劳动者占比91.1%，说明从事体力劳动类工作的人占多数。而且，体力劳动者中，从事原矿石分拣工作的人数比例达81.7%，其中，男性占分拣员统计总数的47%，女性占比53%。这个数据明显高于2008年之前的人数。过去，这份工作的主体是村庄妇女，男性村民一般不愿意从事这类费时费力、收入不高的工作。随着外部力量调整介入，村庄自营性经济萎缩，以男性为主的私挖矿业被禁止，很多男性村民转而与妻子一道从事分拣员工作。另外，体力劳动者中，也有大部分人实际从事专业劳动，如原矿石分拣员（需了解矿石分类品级）、司机、水电管理员、厨师等，真正做一线工作的人只占很小比例。（3）“矿产技能型”村民诞生。人数不多，仅有6人，这些人散落在GXY的耐火材料厂、WSH的铁厂和WR铝炉厂，有两人对铁矿的破碎、磨矿、选矿、脱水等技术环节比较熟悉，有4人较为熟练地掌握了铝矿石的生产工序（包括原料的煅烧、破碎、细磨、筛分、配料、混合、成型、干燥、烧成）。这些人大多一开始就在厂子里工作，在生产实践中逐渐从“白板”“蜕变”为村里的“技术专家”，好学肯研究是他们拥有的共同特质，这种特质与长期的工艺实践一旦结合，便会产生“化茧成蝶”的效应。（4）出现村民回归土地的迹象。人数不多，纯农户仅有5人（确切讲是5户），半工半耕22人。“实在不行就种地”是访谈中村民说的最多的话。尽管大量耕地被征收，但“有土地就等于有保障”的“土地为生”逻辑依然植根于村民的集体潜意识中。2012年以后，当村里的个体自营性“小矿厂”深陷“市场嗅觉”之中时，“向内发力”“向土地讨生活”成为很多村民的选择。

事实上，村庄的职业分化一直都存在。费孝通在《江村经济》中就提出，“在消费过程中，没有必要把该村的居民进行分类，但在生产过程中，则有职业的区别。根据人口普查，有四种职业：（1）农业，（2）专门职业，（3）渔业，（4）无业…… 这些职业类别并不是互相排斥的。没有被划入农业的人也有可能参与部分的农业活动。除去无地的外来人以外，对几乎所有居民来说，农业是共同的基本职业。区别仅仅在于侧重面不同而已。”[①] 就窑村而言，过去历史上有职业分化，村庄围绕矿产资源展开的经济活动有职业分化，未来依然也会有。我们将焦点聚焦于2008年至2012年这段时期，目的在于分析经过近二十年的矿产实践，村庄是否形成了以矿产为核心的生计模式？无疑，答案是肯定的。2008年是村庄变迁的一个“分水岭”，在国家对矿产资源进一步规范管理的政策影响下，村庄“喧嚣”的矿产经济开始萎缩，但村民依然通过各种变通（如转向矿石分拣员）保持了矿产依赖的“惯习”，而这个“惯习”的延续恰好佐证了村民工业市场实践的主体能动性，即个体不仅收获了市场知识，同时也获得了技能知识，是生理意义上的在体性与社会意义上的嵌入性互融互通的过程。

第四节　村庄实践的积分学

1986年至1989年，窑村被卷入转型，征地的逻辑被矿产的逻辑所替代，相伴而生的还有村民对矿产认知的转型，即：从单纯的物理属性到经济属

① 费孝通：《江村经济》，上海：上海人民出版社，2006年，第95页。

性的初识，实现了矿产认知上的“知其一且知其二”，由此开启了矿产在场的新时期。所谓矿产在场，指的是矿产资源在人们的生产、生活实践中占据了最为核心关键的位置，或者说嵌入村庄日常生活叙事当中。从1989年至2012年长达23年的时间里，“矿”取代“土”成为村民新的生计、情感以及梦想之依赖。如果说对土地的信仰建构了村庄的传统、搭建了共同体的联结，那么从1989年开始，窑村人通过对矿产的情境定义、主体性阐释以及由此形成的实践“积分学”①，进一步确保了村庄的生存与延续，甚或发展壮大。

然而，深深嵌入土地中的窑村人，土地的逻辑注定了他不可能快速脱嵌或抽离，正如费孝通先生所讲的，“直接靠农业来谋生的人是粘着在土地上的”②，只有当人口增加导致单位土地出现黄宗智所说的“内卷化”③时，“过剩的人口只得宣泄出外，负起锄头去另辟新地”④。当然，对于“失地”或“半失地”的窑村而言，“另辟新地”意味着突破土地的想象寻找新的生计资源。这个过程必然具有探索性和尝试性，或者说在不知道未来风险的情况下，他们一定是小心谨慎的。经历过社会主义“传统”熏陶的村集体适时站了出来，凭借掌握的巨额征地补偿款和对村庄集体资源的支配权开始了进入工业市场的尝试。窑村所属的瓦村，在“强人”村干部GXY的带领下，第一个跳出来进行工业化“试水”。在办厂管厂的过程中，我们可以看到，“地

---

① “积分学”意指村民通过不断实践积累而成的某种效应的过程。在窑村矿场实践中，围绕矿产资源，村庄（村民）在集体和个体的探索中形成了特有的“实践哲学”，由此而建构了村庄后来的面貌和“转型”。参见黄志辉：《无相支配：代耕农及其底层世界》，北京：社会科学文献出版社，2013年，第22页。

② 费孝通：《乡土中国》，北京：北京大学出版社，2012年，第11页。

③ 参见[美]黄宗智：《华北的小农经济与社会变迁》，北京：中华书局，1986年；[美]黄宗智：《长江三角洲小农家庭与乡村发展》，北京：中华书局，1992年。

④ 费孝通：《乡土中国》，北京：北京大学出版社，2012年，第11页。

方知识”、村域传统与现代市场的碰撞与摩擦，GXY如何借助差序场的延拓以及由此产生的各类社会关系资本一步一步实现了从动议到建厂经营。在缺乏信息、技术甚至管理知识的情况下，村庄达成了市场化的雏形——工厂以及公司制的运营，村庄也因此走上了工业化道路。在这个过程中，既有外在力量如政府、D铝厂、村域外甚至省域外各种力量的介入，也有村庄主体的自我思考，可以说，耐火材料厂的建立运营是村庄从“土地逻辑”向“矿产逻辑”[①]、从农业思维向工业思维转型的一次集体性尝试。

20世纪80年代以来，中国有无数的村庄进行了同类型的尝试，比如折晓叶调研的万丰村、李培林田野的羊城村，甚或我们耳熟能详的南街村、华西村等，这些村庄借助村域资源禀赋较好地实现了工业化、市场化转型。但是，瓦村的实践却以失败告终。依托土地资源（包括征地款）、集体操作和亲缘连带构建的工厂雏形，在面临更大的场域时，显得“手足无措”。有形或无形市场建构的边界远远超越村庄固有的“边界”，当原有“边界”以一种固着的惯习牵引工厂运作时，兼有传统与现代的感情与利益交织的合作秩序必然导致其失败。当然，村集体“以身试法”的实践给全体村民上了一堂生动的市场经济课。通过“课程”，村民转身向内，由此走上自我矿产经济转型之路。

从1992年开始，窑村开始进入以矿场资源为核心的多元非农经济时期。得益于D铝厂以及之后兴办的村域私人“小矿厂”的辐射，外来人口迅速聚集于村域，由此带来巨大的消费市场，村庄个体小商业崛起，几乎涵盖人

---

① “矿产逻辑”是隐喻性表述，表征村庄围绕矿产资源而逐步打破扎根土地的生计发展依赖，在矿产的挖掘、运输、买卖、初加工等工业化实践中不断与村域外、省域外甚至世界体系的工业化、市场化进行直接或间接性对话、碰撞。“矿产逻辑”是一种市场逻辑，是应用工业化思维进行的思考实践。相较于“土地逻辑”的乡土性、稳定性、生存性，“矿产逻辑”更注重市场性、风险性和发展性，即突破村庄的空间域限，突破“矿产”的自然属性固着，在更大的场域上进行互惠交换。

们吃、穿、住、用、行等日常生活全部，村庄变成了一个“小市场”。由于这种经济的生存、发展乃至壮大都紧紧地依托于外来人口，我们把它称为“依附性经济”。与此同时，村庄还形成了两种经营方式：一是自营性“小矿厂”；一是后来被证明是非法的私人挖矿。前一种由村庄中的“强人”“能人”创办，主要包括耐火材料厂、铁厂以及“集堆场”“选矿厂”等。借助村庄丰富的矿场资源（铁矿、铝矿）禀赋，这些人实现了“先富”，并在无形中推动村民和外来人口的职业分化，即“雇佣关系”之下的“厂长—工人”。后一种为部分村民所为，系私人挖矿行为。同样依托于村庄丰富的矿场资源，他们实现了个体与“矿产资源”之间的连接。虽然政府通过“禁止私挖滥采”的宣传、组建“联防队”等方式严查制止，但“游击式”断续私挖屡禁不止，成为我们口中的“地下经济”。自此，三种经济形式共存于村庄场域中，成为村庄当时主要的经济形式。

2008年至2012年，在政策和市场的双重影响下，村庄经济发生调整，村民的职业出现分化，但这种分化依然是以矿产资源为核心展开的。私挖矿业被彻底终结，从业村民转而向村内或村外厂矿企业聚集，从事原矿石分拣工作。与此相伴，村庄自营经济也受到波及，不仅规模和数量锐减，而且雇佣人数也在减少。除了一直在厂子从事经营管理工作（包括矿产技能型人员）的村民外，大部分村民都以原矿石分拣员的身份继续留在为数不多的厂子里。作为村庄矿产资源产业链的一部分，小商业因外来人口聚集而“生”，也因外来人口离开而“减”。除了“跟风式”地进入原矿石分拣员“大军”之中，还有一部分人过起了“以商为技，以土为保”[①] 的半耕半工生活。

事实上，“矿产在场”的23年时间里，窑村发生了巨变，这种巨变体现在两个层面：一是作为主体的村集体、村民主动围绕矿场资源进行工业化、

① 意思是以小商业为生存技能继续经营部分小商业，同时回归土地确保生活保障。

市场化实践的探索；二是作为主体的村民逐渐脱离集体的“怀抱”走向个体实践的过程。对于前者而言，探索的阶段既有国家、市场、社会等外界对村庄的影响和引导，也有村庄自身的能动和应对，是村庄（村集体、村民）主动与市场化、现代化、工业化接轨的一次村域实践，是村庄由农业社会向工业社会、传统社会向现代社会转型的过程。对于后者而言，基于集体实践探索之上的个体行动不仅进一步呈展了“靠山吃山，靠水吃水”的乡村生计传统，而且诠释了农民理性的“在场”。在矿产资源与村庄发展的辩证关系中，资源禀赋的优越并不必然意味着经济的发展或村庄的转型，反而是作为能动者的个体在使用资源过程中所拥有的抑或是自己创造的条件、能力与机会是主要因素。关于这点，在前面对个体实践的阐述中有较为完美的佐证。

在社会学关于传统乡村的研究中，“传统的小农通常被描述成传统、封闭、保守的群体象征符号。农民的价值取向和群体特征都被作为与现代理性相对立的另一极……农民具有的是一种‘哲理’，它不同于以经济理性为基础的现代理性，因为虽然农民追求趋利避害，但不追求利益最大化”[①]。无论是恰亚诺夫（A.V.Chayanov）、斯科特（J.C.Scott）意义上的不同于资本主义企业的有自己独特运行逻辑和规则的“生存理性”，还是舒尔茨（T.W.Schultz）、波普金（S.Popkin）等认为的经济理性的“经纪人”，都不认为小农是非理性的。黄宗智在研究中国长江三角洲小农经济时也指出，小农不缺乏经济理性，一旦有了外部的刺激，如随着中国改革开放后乡镇企业的发展，其他替代的就业选择使小农耕作劳动投入的“机会成本”增加，小

① 李培林：《村落的终结——羊城村的故事》，北京：商务印书馆，2004年，第65-66页。

农就能走出支配他们的“过密化”生存逻辑。[①] 对于窑村人而言，征地虽然改变了他们的身份，但这种改变仅限于“户籍簿”层面，无论身体还是心理亦或具体生存实践在很长一段时期依然维持着“农民”的身份。这种身份不仅是传统生存习惯使然，更是固着于村域空间生产的结果。在这个意义上，关于小农理性的讨论依然适用于他们。矿产带来的“扩大化”的市场以及卷入市场经济大体系的现实必然是囊括生存理性和经济理性甚至社会理性的过程，是多重理性共同作用的结果。不同情境下，他们会作出不同的选择，可以是基于生存考虑的，也可以是基于经济理性考虑的，而且不同理性之间还可以随时转换。从这个角度讲，所谓矿产逻辑无非是扩大了市场边界的“土地逻辑”的延续。

实际上，“农民的真正理性是深深扎根于他们生活所处的社会关系网络之中的。当农民由于外部的刺激要冲破这个网络时，这个深层的网络仍然会发生巨大的影响力，从而使一些表面看起来的裂变，仍然具有深层的延续性”[②] 。无论是集体工业实践，还是个体化探索，这种植根于土壤的理性一直都在场。

此外，我们不难发现，在这个过程中，国家、市场始终处于在场状态，即“无相支配”[③] 。国家政策的刚性与基层执行政策的弹性是影响矿产经济的

---

① 参见Chayanov, A.V. *The Theory of Peasant Economy.* Madison: University of Wisconsin Press, 1925/1986. Scott, J.C. *The Moral Economy of the Peasant : Rebellion and Subsistence in the South-east Asia*. New Heaven , Conn.: Yale University Press, 1976. Popkin, S.*The Rational Peasant : The Political Economy of Rural Society in Vietnam*. Berkeley : University of California Press , 1979. 西奥多·W·舒尔茨:《改造传统农业》，梁小民译，北京：商务印书馆，2016年。黄宗智:《长江三角洲小农家庭与乡村发展》，北京：中华书局，1992年。

② 李培林:《村落的终结——羊城村的故事》，北京：商务印书馆，2004年，第69页。

③ “无相支配”指的是从村庄视角看，国家和市场多以“不在场”的面相出现，但实际上却一直在场。可参见黄志辉:《无相支配：代耕农及其底层世界》，北京：社会科学文献出版社，2013年。

主要因素。而市场则支配了整个村庄，村庄生活、生产以及文化实践都被“裹挟”在工业化市场之中，村民以矿产为核心进行的开采、运输、买卖以及相关产业链条的兴起都是市场作为“圭臬”式存在的印证。卡尔·波兰尼所言的“脱嵌”恰能很好地说明市场统摄村庄转型的面相，在彼时的时空中，原本“嵌入”社会中的市场“脱颖而出”，以强势进入的方式影响了村庄的变迁；村域中属于社会体系的“祖荫下”“血缘”“地缘”等具有共同体性质的村庄文化被“稀释”或遮蔽，在村民的言语中，似乎“矿产”买卖就是村庄的全部。而且从某个角度看，村庄原有的“地方知识”变相促成了乡土市场化实践的养成，无论是集体尝试还是个体小矿产经济，村干部、村民都是在利用乡土社会的“人情观”“处世观”进行市场化探索。在集体办厂阶段，村干部GXY运用差序格局场打开了村庄进入工业市场的大门，这个“差序场”是费孝通意义上乡土社会的关系拓展，是“推己及人”式各类关系的统合，凭此，村庄完成了开办铝厂的“壮举”。对于村民而言，多种矿产经济经营方式都是乡土社会生计实践对市场的“皈依”和策略性应用，是具有“乡土市场”特色的工业化实践。从这个方面看，市场在这个时间段占有绝对的话语权，所谓村庄主体性主要表现为村民使用乡土策略进行市场化行动，村庄日常实践皆围绕市场而展开，唯一的差别在于，场域中不同资源占有者获得的收益不同，村干部和普通村民因关系网络差异导致市场化获利存在一定差距。但是，窑村并没有出现丁宝寅所说的鲜明差异性①，村中以矿产资源为核心的市场化“致富”转型之路具有一定的“公平性”，即：普通村民只要愿意付出劳动和理性思考，都会获得不菲的收入。

① 参见丁宝寅：《资源能带来发展吗？——对华北某村庄发展变迁的考察》，中国农业大学博士学位论文，2014年。

第四章　矿产“退场”：从“矿村”到“农村”的演化（2012–2017）

23年的矿产“在场”给窑村带来了多方面的变化，诸如我们前面提到的围绕矿产资源而展开的生计方式的非农化，外来人口大规模地向村社区聚集，村庄职业的分化，村民市区购房，等等。但是，这个变迁的过程，是不是一定会摧毁村庄的乡土“本色”，从而使它转型为“工村”呢？或者说，以矿产资源为核心形塑的村庄社区生活结构是否会发生根本性变迁？这个村子的实际情况，并没有向我们揭示一个螺旋式前行的乡村工业化模式，而是随着时间的推移，表现出与工业化、市场化和城市化“相反”的运行轨迹。从2012年到2017年，窑村“反其道而行”，逐渐实现了从“矿村”到“农村”的演化。只是经过近30年工业化、市场化的过程性影响，特别是村民经济理性的唤醒，村庄进入了文军所述的“有村民—有村落型”与“无村民—有村落型”的中间转型镜像。① 即：村民的市民化与村庄的乡土性之间形成

① 文军从“村落—村民”两大维度的转型（有/无）对村落展开类型学分析，划分了村落的四种“理想类型”（ideal type）：有村民—有村落型（村民和村落都较大程度地保留原貌、暂未发生转型的传统村落）、无村民—有村落型（村落空间得到了不同程度的存留，村民已市民化的转型村落）、有村民—无村落型（村落空间已经解体，但村民的身份认同、生活方式、价值观念等仍延续传统属性）、无村民—无村落型（村落空间解体的同时，村民充分实现市民化转型的村落）。参见文军、吴越菲：《流失“村民”的村落：传统村落的转型及其乡村性反思——基于15个典型村落的经验研究》，《社会学研究》2017年第4期。

若即若离的特殊共生关系，村庄的实体存在或者说部分土地的存留延续着村民与村庄乡土性的关联，村庄成为村民主体进入现代城市的“底线保障”或暂时性依赖，即便很多村民开始走上向外发力的生计道路，但依然保持着与村庄的融联。这一时期，一方面，村民与土地之间的联系趋于紧密（相较于前一段时期），营造了“农村”的景象；另一方面，村民市民的户籍身份以及市场化逻辑的内化又不断推动他们向城市化迈进。显然，这是一个村庄既进入了现代性、城市化的“门内”（村民的行事逻辑特别是生计逻辑更多以经济理性为主）的时期，同时也是乡土性与现代性交糅的过渡时期，村民在“不变”的村庄空间中上演了主体性的再一次尝试或者说完成了过去近三十年的“不完全”转型①。

第一节　村庄“去矿产化”与村民生计转型

2012年以后，由于环境污染问题，窑村的个体小矿厂相继关停或转让。其中，GXY耐火材料厂和WR的铝炉厂在2013年关闭，WSH开在W乡的铁厂在2014年转让。据当事人GXY和WSH回忆：

那个时候，耐火材料的市场形势还是不错的。我的厂子属于最初级的铝矿石加工厂，当时有两个在我厂子上班的村民先后查出癌症。开始

① “不完全村庄转型”指的是村庄在从传统到现代的转型过程中，虽然实现了市民身份转变以及局部性空间城镇化，但村落的存在以及由此构筑的乡土性依然影响甚至在很多事件中“干扰”着村民的行动，他们既没有完全脱离乡土性的影响，也没有全部“受制于”现代性与城市性，因此用“不完全转型”界定这个过渡状态。

也没有和厂子联系起来，后来被村民举报，环保部门上门检测说，“厂子使用的有铬耐火砖会导致铬污染，长期生活在这样的环境中会致癌。”于是，对厂子进行暂时关停整改处理。要求将有铬耐火砖换成无铬耐火砖，再经过环境技术部门检测鉴定后可以重新开。我托关系了解了情况，确实是这样的。加上我当时查出有肺结核、肺结节，长期咳嗽，而且替换需要再投入一些资金，各种因素下，选择不开了。（GXY的访谈，2016：9–20）

2010年以来，铁厂经营就有点吃力了。原来本村有大量铁矿石源源不断供应，后来供应中断，需要从外地采购，运费、人工费等成本增加了。外地人离开，雇了一些村里的人，但工资支付也多了。一直在坚持，2012年的时候，国家对这类高污染厂子提出了更高的环保要求，我购置了环保设施，但启动设施成本很高。再加上原材料采购费、人工费杂七杂八下来，承受不住。到2014年的时候，附近村子的村民把我的厂子举报了。原因是：铁厂长期排放的大量粉尘、二氧化硫等有毒物质，给周边玉米、果园造成了严重污染。环保部门来了就查封了。启动环保设施电费、水费等费用太高，正好有人想接手，我就顺水推舟转让了。（铁厂厂长WSH的访谈，2016：9–22）

WR的铝炉厂也基本是同样的原因关停的。2010年以后，国家进一步加大了环境污染的治理力度，大力实施“节能减排”“碧水蓝天”工程，对一些环保指标不达标的企业进行了严厉监管。在政策层面，相继制定出台《节能减排“十二五”规划》《工业清洁生产推行“十二五”规划》《国家鼓励的有毒有害原料（产品）替代品目录（2012年版）》以及一系列环境保护标准类法规文件，目的是引导企业在生产过程中尽量使用低毒低害和无毒无害原料，减少产品中有毒有害物质含量，从源头削减或避免污染物的产生，从根本上遏制环境恶化趋势，全面改善环境状况。在这样的大背景下，到2014年，窑村的小矿厂“全军覆没”了。由此，村庄进入“去矿产”时代，依附于这些厂矿的村民开始“向内”和“向外”发力找寻新的生计方式。

一、“向内发力”的生计选择

征地使得窑村进入“失地”或“少地”状态，其中的瓦村和师村属于前者，安村属于后者。但是，由于“从基层上看去，中国社会是乡土性的”[①]，村庄的乡土性以及基于土地的生活逻辑不会立刻发生改变。确切讲，村庄的生活轨迹在一段时间内依然还是围绕“土地”展开的，窑村的拓荒实践即说明了这一点。他们在村集体的带领下，有秩序有规则甚至是积极地投身到这项活动中，拓荒之后分得的土地份额虽然有限，但足以延续其“土地”生存逻辑。即便是在矿产经济最兴盛的2003年至2008年，依然有部分村民兼顾农业生产，用村中老人GWQ的话讲，“国家政策现在挺好的，种地有各种补贴，多少种点，吃喝有保障”[②]。而印证这一点的，还有几乎村庄里每家每户的院子里都会隔离出一小块地用于种各种蔬菜，如西红柿、辣椒、黄瓜、葱、生菜、白菜等等，主要是家庭自己食用，仅有很少一部分用于出售。从这个角度看，整个村庄实际上并未彻底远离“土地”，“土地”是其“底线”的安全保证。当矿产退出村庄生活的场域时，村庄中的多数人重新回归土地，面向村域内部发力，即：生计的方向和场域依旧在村庄内部空间中。

① 费孝通：《乡土中国》，北京：北京大学出版社，2012年，第9页。

② 村民GWQ的访谈，访谈日期：2016-8-25。

（一）回归土地：种地

选择重归土地种地的人在村庄中占据多数，年龄在50岁至65岁之间，基本上各家各户都会有两个人以上从事庄稼种植。这部分群体在矿产经济中从青年到中年甚至步入老年阶段，既受传统乡村土地逻辑的影响，也受矿产经济营造的市场逻辑的影响，但从“骨子里”前者影响居多。虽然在近三十年的变迁转型中获得了较大经济收益，生活、生产方式都有极大改变，但由于矿产经济的空间辐射范围多囿于市区（镇）以内，现代性市场的“开放性”并没有真正大幅度拓宽甚或浸入村民的心理世界，与沿海区域相比，他们相对保守，更愿意面向村庄而生活。因此，当矿产经济不能继续成为其今后长期的生计或致富倚仗时，他们更多选择回归土地进行传统的农业生产活动。

有矿的时候挣了一些钱，孩儿们也基本上“交代”①了，大的在省城高校教书，老二在省城一个建筑单位干，最小的女子去年师范毕业进了市里的初中，老大老二都结婚买了房子，虽然贷了不少款，我凑了一些，但都交代了，基本上不用操心。我们两个老人留了一部分钱，国家现在政策好，低保、种地、看病都能报销，给补助，种点地种点菜，够我们活了。这个年纪出去能干什么？孩儿也不想我出去干活。（村民WKY的访谈，2016：9–22）

咱老百姓本来就是土地为生，土地是长久的，其他的不行，也不懂。我今年种了十来亩地，孩儿们名下的地还有我弟弟的地，他们也不种，都在外头打拼。主要种玉米、黄豆、红薯、山药蛋，够我们忙的了。国家每亩都有种粮补贴，下来也有好几千。种子、化肥这些东西国家也会发，咱就是受点苦，出点力，好坏（收成）都是自己的。（村民

① “交代”是指孩子们都成家立业了。对于农村父母而言，这算是完成了人生的一件大任务。

HYZ的访谈，2016：9-23）

感谢国家，感谢党，矿产让我们达了小康，土地还留下一部分，我们还可以种地，原来有一些积蓄，种点地，只要肯下工夫，吃喝拉撒没有问题。我去年到今年种了7亩左右，种的东西卖了钱，种的菜够自己吃。市里、镇上、村里每年都会给发煤、发面、发油，这些算下来生活没有问题。咱这个地方除了地就是矿，矿不行了，就种地，党的政策这么好，农村人饿不死。（村民GYK的访谈，2016：9-23）

钱没有个够，种地最保险，现在种地比过去强，什么也不用付出，就能收获。我们这一代人本来就是泥土子里长起来的，七八岁的时候大人就带着去地里，种地要比搞矿在行得多。再说了，现在不比年轻时候了，冲劲大，敢干敢想，到了我们这个岁数，种点地安安稳稳过日子最踏实。（村民GGN的访谈，2016：9-27）

事实上，国家向农村地区倾斜的政策为窑村人提供了“去矿产化”后回归种地最大的保障，传统的“以土为生”的生计在以“矿产”为媒介的现代工业市场经济冲击下，只是暂时性“退居幕后”，一旦遇到新的政策规制或者说其他生存依赖“不得其法”的时候，种地便成为村庄生计发展的首选。显然，村里人的农业情结并未因矿产经济而彻底了断，虽然矿业经济的高收益使他们在过去一段时期内将农业作为矿业之外的兼业，但当矿业退出时，农业便又成为主业了。而且，对于农村人而言，当时国家提供的诸如发放“煤炭、米面油”等福利以及支持农业发展的补贴政策足以保障其过上安稳的日子，他们完全“不需要再折腾”，换句话讲，“折腾”完全没有必要。2016年开春的时候，大多数窑村人基本上都扛着锄头、犁具等“不约而同”迈向田地，疏松土壤准备播撒种子，村庄呈现出1987年之前“农村”的繁荣景象。

（二）养殖业的兴起

回归土地进行庄稼种植是窑村人脱离矿产经济的普遍性选择，但“地少”是村域的现状，而且农业是按照节令节气开展的活动，既有农忙也有农闲，有了市场经营经验的窑村人，“脑子比以前活络不少”，农闲的时候往往也“闲不住”，他们中的一部分人开始在自家院落里或承包村中的部分土地养鸡、养猪。

1. 开办养猪场

村庄的养猪场是由GYS于2014年6月份开办的，位于村子东南部，占地面积约1000平方米，2016年时，母猪数量达800余头，雇佣人工10人。关于开办养猪场的缘由，GYS[①] 是这样描述的：

> 我搞矿挣了些钱，2008年的时候就想着干点副业什么的，一直找不到合适的投资项目。后来看了中央电视台（农业频道）关于养猪致富的新闻，就打定主意办个养猪场。之前搞矿产运输的时候认识了不少外边的人，东打听西打听，又去河南考察了几回，请了市里畜牧局的技术人员指导了几次，在（20）14年年初开始动工建设，建猪栏、猪舍、办公区，前后花了半年左右时间，进小猪仔200余头，但年底就死了一大片，不懂喂养技术吃了大亏，损失了不少钱。后来又赶上猪价格下跌，卖不上价钱，很倒霉。但今年还不错，价格也上去了。销售是事先谈好的，不发愁。最主要的一点，国家支持，市里给予一定的经济支持。市里的书记还专门下来视察了一次，成了致富典型，猪场就更好经营了。说到底，要跟上形势，紧抓国家政策，国家对农村搞副业是大力支持的，主要是看你搞不搞。我前前后后投资了上百万，损失了也有近

① 2013年，GYS接替GXY成为瓦村村主任。

一百万。做啥事都有风险，脑子一定要灵，不能用老传统吃饭，村里有少数人到现在还是想着靠矿赚钱，也不看看形势。（瓦村现任村主任GYS的访谈，2016：8-8）

GYS的养猪场是村中唯一一家，用村民的话讲，“一般人投资不起”，而GYS在整个窑村属于数一数二的“有钱人”，在矿产经济兴盛的年代，他就和别人合伙开过选矿厂、集堆场和耐火材料厂[①]，眼光和视野较为开阔。最为重要的是，他懂得解读国家政策的走向，善于因势利导，在2008年村里人还“迷恋”矿业的时候，他已经开始思考“离矿”后的发展道路。矿产经济积累的资本和关系网、勇闯敢想敢干的个人特质与政策相互契合，共同促进了养猪场的日益规模化、效益化。

实际上，除了GYS规模较大的养猪场外，村里还有七八十户人家养猪，养殖规模很小，平均每家1 ~ 2头，圈在自家院落一角。一般年初购买小猪仔，年底或整猪出售或屠宰论斤买卖，有些也会被GYS买走。这也从侧面反映出村庄传统经济结构中“农工相辅”的“兼业”经济的旺盛生命力。养猪作为副业，在矿产经济前后对于村民的效用是一样的，都遵循“贴补家用，补充营养”的原则，又伴随农业重新成为主业而兴盛。

2.开办养鸡场

截至2016年11月，窑村共有养鸡场3个，其中两个通过养殖母鸡下蛋获取收益，另外一个从事肉鸡饲养。

HRS和HSS开办的养鸡场以卖鸡蛋为主，分别于2015年和2016年开办。

① GYS是YS铝矿石加工厂的创办人之一。

总得找个事情干，家里两个孩子都在上学，还有我哥的孩子也要我管，我哥（19）84年就去世了，我是孩子唯一的叔叔，我不管没人管，他找了对象要结婚，彩礼就八万八，我自己的两个孩子将来上大学、结婚都需要钱，没办法，种地能解决吃喝问题，但其他开销远远不够。政府宣传说搞养殖业会给予支持，有的地方养牛、养羊，但这些成本太大，我投资不起。养鸡成本不大，不需要另外租场地，就在自家院子里，搭个棚，安装几个鸡架，冬天冷的时候家里空闲的窑洞也可以使用。当然，我也种地，主要是玉米，用来喂鸡。刚开始规模不大，50多只，自己种地收的玉米还够吃，后来越养越多，现在有150多只，就四处收玉米来喂。母鸡下的蛋是土鸡蛋，营养价值高，附近几个村子的人都来买，价格每斤16–20元左右，比市场上的鸡蛋卖得贵。现代人对吃的东西很看重，所以买卖做得还行。最近，我侄儿通过网络不断推广，鸡蛋都供不应求了。钱能赚下，今年大概有个7万元左右，但人比较累，白天黑夜地干。（村民HRS的访谈，2017：11–5）

我办养鸡场比较晚，2016年3月份才开始的，属于跟风吧，跟着HRS学的，我自己就是兽医，懂一些知识，小儿子学的是畜牧专业。有一些存款。看着HRS养鸡还不错，就买了60多只养在自家院子里，我和老婆两个人搞，小儿子在市里工作，偶尔回来指导一下，感觉还行，国家有补贴，政府支持，我也是学有所用。（村民HSS的访谈，2017：11–8）

无论是HRS还是HSS，开办养鸡场更多是出于现实和对未来的预期、考量，是基于个人生存发展需要的理性选择。特别是对于HSS而言，自己的兽医身份加上儿子畜牧专业特长，使其极容易做出效仿行为，而创办养鸡场对技术、资金等的低门槛要求也变相促成了其离矿后的生计选择。在这两个事例中，国家政策支持和引导发挥了关键性作用，个人与国家有效互嵌促成了养鸡场的创办。此外，养鸡场并没有在全村范围内扩散，村民个体家庭现实、对养鸡市场风险的评估特别是过去“禽流感”事件的影响等都是其中重要的缘由。而且多数村民对养鸡场的空间辐射、竞争都有自己的理性分析，村民GYT在谈及此事时是这样分析的：

几百人的村庄前后已经有三个养鸡场了，自己村子内部就有很大的竞争，跑到外边市场上还怎么与外头人竞争？国家政策是鼓励，但也要有好的项目，别人没干的还可以考虑。再说了，养个十只八只还行，养多了还真怕应付不过来。（村民GYT的访谈，2017：11-8）

虽然经历了矿产经济的“洗礼”，但村民对投资的事项还是相对保守，他们在理性分析现状的同时，更多持等待态度。在等待观望的村民中，GRX进行了有别于HRS和HSS的探索。

我才40出头，孩儿都小，农村人想法简单，最容易想到的项目就是眼前的“锅碗瓢盆”、吃喝拉撒的事情，养羊、养牛对场地要求大，投资也不少，不是没有这个钱，是害怕投进去亏了，“能赚不能亏”。吃的东西无非就是米、面、油、蛋、肉、菜，思来想去，养肉鸡最可行，不和HRS、HSS冲突，不存在竞争，最主要是镇上没有一家养肉鸡的厂子。在自家院子里辟开一块地方，面积不大，300来平米，建了一些简易场房，购买了二手设备，饲料等，起初购买了100多只，总共投资5万元左右，我和老婆两个人弄，能省则省。去年8月份才开始搞的，正好赶上过年出了一批，收入还行，今年准备再多进点小鸡，看情况添置些好的设备。刚开始干的时候也不敢，后来干开了也就没事了，把该考虑的事先考虑好，多请教人，里边的行道门路多着呢。鸡屎可以放到地里做肥料，附近JK市有几个搞大棚（种菜）的定期回来收购鸡屎。每条道摸清了，道也就顺了。（村民GRX的访谈，2017：11–9）

正如舒尔茨在《改造传统农业》中所说的，“一旦有了投资机会和有效的刺激，农民将会点石成金。”[①] GRX对自身现状的分析以及对肉鸡项目的选择，无不透着“精明”理性的痕迹，他细致地进行成本、收益、风险的预估，肉鸡场的建立包括在养鸡过程中发掘的“鸡屎”生意等都说明他在不断探索中逐渐融入现代市场经济潮流，虽然规模不大，步子迈得很小，但此时的他与矿产经济前或中的“他”有了巨大差异，逐渐成为波普金（S.Popkin）在《理性的小农》中比拟的公司的“投资者”。他的行动选择，完全是在权衡各种利弊之后为追求利益最大化而作出的。

二、“向外发力”的生计选择

如果说“向内发力”的群体主要是村域内50岁左右的村民，他们因年龄或深受乡土性影响而更多选择在村庄空间内进行“内卷化”[②] 生计探索，那么村中其他（通常为50岁以下）的村民则选择走出村庄，在更广阔的空间中寻找新的生计之路。这部分村民主要从事四类工作：打工、承租市区门面房做小生意、开出租车和在市（镇）厂矿做技术员，活动区域大都在X市范围内，只有15人在省城打工。

---

① 西奥多·W·舒尔茨：《改造传统农业》，梁小民译，北京：商务印书馆，2016年，第5页。

② “内卷化”是指社区、组织或群体向内实践的形式，重在强调在有限的土地和村域空间内实现了内卷，这种内卷是村民发挥其实践能动性的一种策略。

种地能解决生活问题，但花钱的地方实在太多了，处处需要钱，随礼、儿子娶媳妇、城里买房、上学，这些都要钱，不出去不行，我没有手艺，力气有一把，（20）15年的时候跟着ZS去市里建筑工地做小工，一天200-300元不等，管吃不管住。据我所知，前后应该有50多人在市里的各个工地干活，差不多和我一样45岁左右，一个月下来除去各项开支有个3000-4000元的收入。感觉还行，就是出来的有点晚了，前几年市里盖楼房多，工作好找，这两年不是特别多。能挣一点是一点。（村民GJH的访谈，2017：11-9）

我三叔的儿子在市里发展得很好，开了20多家药店连锁，我在他的办公仓库看库房，一个月管吃管住2500元，自己弟兄还是好说话。村里大概有16人在不同小区、公司里看门房、看库房，收入和我差不多，最少的1800元。现在挺好，不用考虑太多问题，干好手头工作就行，这些钱加上前几年挖矿的钱能够保证日子正常过下去。以后的事以后再考虑。（村民GCX的访谈，2017：11-9）

在X市打工是窑村人向外发力的主要生计方式，无论是在建筑工地做小工，还是给人看库房、做保安，他们的生活轨迹和环境并没有远离原先的“故土故乡”，这是村民对空间安全的“底线需求”。根据他们的描述，外出打工是仅次于土地的最稳妥的赚钱方式，虽然延续性和稳定性不强，但收入比种地多，这足以解决当下的问题。在此之前，村庄中的人除了当兵、上大学的以外，鲜有村民外出务工，而脱离矿产经济的“庇护”后，村中开始有人走出村庄，尝试新的生产生活方式，这应该是村民主动寻求转型的最好例证。

2015年，有15人到远比X市距离村庄更远的省城打工，多是因儿女或亲戚在省城学习工作生活而做出的选择。在访谈中，可以发现，他们这样做有两个原因：一是儿女或亲戚在的地方，方便相互照应，具有先在的安全感；二是工作大都由熟人（儿女、亲戚或其朋友）介绍，收入较高且具有一定稳定性。如果没有这两个因素，这些村民是不会在“离矿”后作出如此选择的。

此外，2015年，村中有16人在市区租赁了门面房做小生意，包括开小饭店、诊所、便利店、理发店等等，有8人购买了手续齐全的出租车在市里跑出租。这些人大都在矿产经济时代收获了比较丰厚的经济收入，在市区购买了楼房，有一定的生活经验和基础，且所从事行业和职业也与家庭成员先前的“技艺”有一定关系。比如，GFZ是一名“乡间厨师”，过去在闲暇之余经常在村域之间“流动的宴席”① 中充当厨师角色，进入X市后与朋友合伙开了一家小饭店；GTS是乡村赤脚医生，2015年开办了属于自己的市区小诊所；GLX是村庄中最早开便利店的人，夫妇二人跟随小儿子到了市区，一方面照顾孙子，另一方面继续从事老本行，用她的话讲，“干这个轻车熟路，不会赚大钱但不会亏”；GLP早年在省城学习了理发技术，一直在村里开小理发店，随着外来人口和本村人口的流出，她于2016年年初在市区租了一间门面房，继续开办理发店。而从事出租车行业的8名村民，在矿产经济时代都搞过矿产运输，具有熟练的汽车驾驶能力。

值得一提的是，矿产“在场”时期，村里的6名“矿产技能型”村民分别在X市、J县的厂矿企业找到工作，并且有两人担任生产副厂长，某种意义上实现了职业身份的转型跃变。这里，因矿产经济而建构的技能，“作为一种在体化的取向体系能够限制机会，将人固定在‘他们的位置上’……

① “流动的宴席”是一个隐喻性称谓，指的是村庄里专门在红白事上做饭提供饭食服务的人，通常自带锅碗瓢盆、饭菜原料、人员等，在各个村庄之间游走，通过做饭获得收入。

这些技能突出地延长了将他们自身与物质环境和其他联结的反馈回路”[①]。而他们的故事也在村域中产生了一些连锁效应，比如村里有孩子学习成绩不佳的，父母通常会在初中或高中毕业将孩子送到技术学校。用村民的话讲就是“学会一门技术就等于有了吃饭的碗”，至于“吃什么样的饭”，他们似乎不是特别关心。这也从侧面反映了“矿产技能型”村民的出现对村庄的影响。

通过上面的描述，我们还发现，窑村人在进行向外发力的生计选择时，多基于两个方面的考量：一是空间上的“安全性”。X市是人口流动的主要区域，村民对其比较熟稔，没有“被抛入”的陌生感，无论从事何种职业，由于距离村庄只有一个小时的路程，且过去近三十年村民也常往返于两地之间，亲戚朋友较多，故多数人选择在市区打工；二是行业上的“安全性”。村民多在自身或家庭成员原有“技能”的基础上进行行业的选择，通过这种方式可以确保其在风险系数最低的情况下快速融入城市生活。

第二节　身份、职业与空间的重组

按照户籍来统计，窑村村民（除安村外）无疑都是城镇人口，村民口中的“农民”向“市民”身份的转变在20世纪80年代征地后就已经得到确认。在时间的延展中，这种划分在不同时期对村民的社会分类意义是不同的。征地前五年，“市民”身份不仅给村民带来象征意义上的改变，而且“享受国家发放的米面油等供应”的现实福利也在村民心理上构建了“市民”身份的

① 艾约博：《以竹为生：一个四川手工造纸村的20世纪社会史》，韩巍译，南京：江苏人民出版社，2016年，第21页。

优越感，这种确认建立在当时城乡二元体制政策背景之下。随着矿产经济逐渐成为村域生活的主导，在近三十年的实践过程中，村民对身份划分以及相应的社会意义并没有太多关注。用他们的话讲，“这是国家的事，我们老百姓不用多操心”。在我看来，这段时期村民忽视身份“区分”的主要原因是，围绕矿产资源建构的多种非农经济形式以及村民职业选择的“非农化”一定程度上遮蔽了身份的思考。然而，伴随村庄的“去矿产化”，村民生计方式发生转型或者说回归，身份与职业的分离造就了关于“身份”的再思考，并无形中达成以下两点共识。

其一，“市民”身份或者城镇户籍与从事农业活动不冲突。从1986年开始，虽然经历身份变迁和“矿产生计”，但农业活动并未彻底退出村庄生活。即便是在矿产经济“喧嚣”的2003年至2008年，多数村民依然保持着种地的惯习。用村民自己的话讲，“不种地心里慌得很”。无论身份如何变，地是必须要种的，只是种多种少的问题。2012年以后，多数村民顺其自然地开荒拓地、大量向土地“讨生活”的现象恰也证明了这一点。在这个过程中，当遇到“市民”身份成为办事门槛的时候，也有村民提出“市民不市民，农民不农民”的疑惑。比如，2015年的时候，有村民申请市区公租房，根据《X市2015年公共租赁住房申报审核分配方案》，“中等偏下收入住房困难家庭申报需同时具备下列条件：申请人为我市居住的非农业户口居民；申请人家庭成员人均可支配收入低于2014年度全市城镇居民人均可支配收入的80%，即1850元/月；申请人及家庭成员配偶、子女无住房。”所有申请公共租赁房的村民都被卡在了第一条，即“申请人为我市居住的非农业户口居民”。按照村民的理解，他们早就不是农业户口居民，这在户口簿上有清楚的记录。当地政府部门给予的“城中村”性质的市民身份的进一步界定，不仅没能厘清或释疑，反而让其陷入自我身份认同的迷茫之中。但这种“危机”很快便烟消云散了，一是申请公租房仅仅是极个别村民的行为；二是在多数村民的认知中，农民的自我定位是深深地植根在骨子里的。

其二，城镇户籍人口并不一定非要定居在城市中。村子里除了在市区经商、打工或在政府部门工作的人以外，大多都生活居住在村落空间中。在访谈中发现，矿产经济让很多村民“发了财”“致了富”，据一位老人讲，“村里和矿有关系的人，都不穷，少则几十万，多则上百万”。而且有一些村民在市里已经买了房，但使用率并不高。像前面提到的开养猪厂的GYS，在市区有三套房子，但依然选择在农村居住。他说：“人呐，在哪里住得舒服就在哪里住，住在城里不代表你就是城里人，住在村里也不代表你就是村里人。关键是自己怎么看。”对于普通村民而言，村庄是他们的根，户籍身份与居住空间没有必然关联，反倒是“生于斯长于斯”的村庄是他们最为看重的。这种关于城镇户籍与城市居住空间分离的认识，从一个侧面回应了某种认为“乡村与城市”“传统与现代”二分的转型看法。村庄的现代化转型不一定以居住在城市或从事非农业生产为标志，最为关键的是作为主体的人——村民——怎么看？

实际上，2012年以后，窑村人虽有少许疑虑，但基本上都能够实现户籍身份、职业选择与空间的有效重组。为了更清楚地证明这一点，我们根据访谈资料，以户为单位，对2016年在籍村民职业做了一个粗略统计（见表4-1）。

表4-1 2016年窑村在籍劳动年龄村民职业情况统计表

职业		户数	居住生活模式
农业（含在村里的半工半耕户）		143	农村居住生活
养殖行业	养猪厂	1	农村居住生活

续表

职业		户数	居住生活模式
养殖行业	养猪厂雇员	3（男的负责喂猪，女的负责给厂里的人做饭）	农村居住生活
	养鸡厂	3	农村居住生活
服务行业	零售商（便利店）	2	基本上生活工作都在X市（其中一家在村里开着一个规模很小的商店）
	诊所大夫（小诊所）	1	一段时间在X市区生活工作，一段时间在村庄
	理发师（理发店）	2	生活工作都在X城市
	饭店	3	生活工作都在X城市
	乡村厨师	2	农村居住生活
	建筑工人（小工）	7	市区生活居住
	库管员	6	X市/省城生活居住
	保安/门卫	13	X市/省城生活居住
	出租司机	8	X市生活居住
	环卫工人	6	X市生活居住（租房）
政府部门		12	X市生活居住
工厂技术员（含管理人员）		6	市区/乡镇生活居住
总数		218	

注：本表根据2016年驻村访谈资料整理编制，总户数218户，人口650人。无论在村内还是市区，村民的生活都是以户为单位展开的，户的职业是根据一家之长的职业而定的，所以未单列家务劳动以及家庭中未分户的子女情况。村中无真正意义上的无工作者，基本或多或少会从事农业，此类人员在统计中纳入农业中一并统计。在村庄内的半工半耕户一般以农业为主，其他如养猪、养鸡、种菜或开小商店等都是兼业，所以也纳入农业户进行统计。

表4–1反映了2016年村民的职业结构特征：（1）一般村民的职业选择主要集中在农业、养殖业、服务业、工厂技术员四个领域。[①] 与1986年的村庄相比，在职业类别和职业选择上，多出了大规模养殖业、工厂技术员和一批走出村域空间的服务行业从业者。这是近三十年矿产经济“熏陶”引起村庄变迁的结果。虽然从过去到现在甚至未来，单纯依赖农业生产的乡村社会并非乡村社会的主导生计形态，但村民职业的多样性、空间的扩大化以及身体的流动性足以说明村庄主体的变化甚或认知上的转型。这种转型既有外部力量的推动，更有村民躬身实践的“功劳”，是内外合力的结果。（2）农业生产逐渐成为这个时期村庄的主业。从事农业的人数占人口总数的65.6%，说明回归土地成为一个趋势。2012年的时候，仅瓦村一个小村，从事原矿石分拣员工作的村民占比就达到81.7%。虽然两个数据不能直接对比，但也能间接反映出村民对土地深刻的依赖性以及由此引发的“乡土性”回归，关于这一点，我们在后边展开阐释。（3）走出村庄进入城市从事服务行业的人数增多，占总人数的22%[②] 。其中，33.3%的村民依托过去的“技术”或“行业”积累做起了“小老板”（出租车司机）；66.7%的村民依托于地缘或亲缘关系从事库管等相关职业。这部分进入城市工作生活的村民，属于村庄中较早实现“身体进城”的一批。2017年以后，他们的“先在”优势在帮助其他村民在城市居住生活时发挥了积极作用。（4）在居住空间分布上，虽然有村民在X市或省城长期生活，但依然有69.7%的村民居住在村庄中，人数超过总人数的2/3。

通过以上对村民职业结构以及居住生活模式的分析，我们不难发现，2016年村庄已经基本形成了以农业为主的村内和村外两种空间并存的多样

① 在政府部门工作的村民多为近几年毕业的大学生，我把他们称为“新一代村民”，他们大都没有参与过矿产经济的实践变迁，不作为统计分析重点。

② 这个数据没有涵盖乡村厨师，乡村厨师虽然从事服务行业，但其活动区域大都在乡村。

化生计方式，而这一实践的主体是多数拥有城镇户籍的“农民”。换句话讲，一群拥有“市民”身份的“农民”在乡村空间中实现了重组。他们的现实存在，引出了一些不同于一般工业化和城市化的社会结果。

首先，现代化或者说农村人口的现代化，不一定以居住或向城市的迁移和集中为模式。如果说“现代性是人类社会从自然的地域关联中‘脱域’出来后形成的一种新的‘人为的’理性化的运行机制和运行规则”①，那么经历了矿产经济“洗礼”以及之后村民的表现都足以证明窑村人已经开始（进入）现代化了。在近三十年的变迁历程中，他们的多重理性抑或经济理性在面对现实情境时展露无遗，且在个别“能人”“强人”身上更是展现得淋漓尽致。乡村现代化不等于消灭村庄，在挖掘村庄资源的基础上进行村庄建设、再造，也是乡村现代化的一条路。

其次，户籍身份与职业身份的分离并不意味着乡村转型的失败。随着我国现代化进程的加快，多种职业的选择已经在逐渐抹平消弭城镇与乡村户籍之间的差异，拥有城镇户籍并不等于实现了城市化，拥有农村户籍也不等于尚未实现城市化。当一群拥有城镇户籍的“农民”从事农业生产，并乐在其中时，身份的区分已经变得不再那么重要了。转型或者说现代意义上的转型，在我们现有的场域中便成为主体人的认知与实践转型了。

最后，实现现代化并不必然与工业化、城市化同步进行。乡村的现代化可以在没有工业的前提下进行，在村庄中，现代化的空间生产会伴随国家、资本、市场和村庄内生结构秩序的互动而达成。只要外在力量介入科学合理，只要内在结构接纳融通，村庄是有可能实现自然现代化的。

---

① 衣俊卿：《现代性的维度及其当代命运》，《中国社会科学》2004年第4期。

第三节 “乡土性”的变迁与重构

如果在时空连续视野下对窑村的“乡土性”进行溯源，我们会发现，“乡土性”依然是村庄的底色。围绕这种底色，村庄“不仅带有‘去国怀乡’与‘小人怀土’的情感依恋，还包含着农耕文明对‘土地’这一基本生产要素的深刻依赖，表现出围绕土地资源和农业生产所形成的基本秩序单元与社会组织结构”①。但是，此时的“乡土”已非昨日的“故土”，经历了征地、外来人口涌入和以矿产资源为核心展开的主体性实践等一系列“他乡”经验的冲击，村庄的乡土价值已经发生了变迁抑或重构。

一、祖先祭拜：从生物性到自我性

“东亚的传统社会结构得以延续的重要基础是祖先观念与祖先崇拜”②，祖先祭拜是基于血缘关系建构的亲缘网络活动，是中国乡村社会除“土”以外最能彰显乡村性特征的活动。作为生物意义上的延续，从父系血缘出发，我们构建了“家 — 本家 — 亲房 — 房族 — 家族”的差序网络格局，并形成了“核心 — 近亲 — 边缘 — 边界”的人我亲疏远近有别的关系网。这种关联通过祖先祭拜得到在现世的延续。“在祖先崇拜中，去世的人发挥的社会

① 赵若言、于水：《中国乡村现代化转型的逻辑脉络与现实进路》，《中州学刊》2020年第11期。

② 萧楼：《夏村社会：中国“江南”农村的日常生活和社会结构（1976-2006）》，北京：生活·读书·新知三联书店，2010年，第257页。

心理作用不受时空限制，能把生物联系转变为社会联系，不必把实际亲缘联系限在一个较小的、亲密接触的圈子里。因此，祖先崇拜具有把众多家族成员凝聚为一个有组织的血缘结构的功能。”①

窑村的祖先祭拜主要通过两个节日仪式来实现，一是清明节“上坟”；二是大年初一的“供神子”。清明节前一天是窑村人“上坟”祭祖的日子，比全国大多数地方提早了一天。“上坟”通常是以家庭为单位进行的，一大早家里的女主人就开始准备馒头、黄纸、蜡烛、竹香、加小米的水、冥币等祭拜用品，男主人则正常劳作。中午时分，家中的男性成员（女性不允许参与）便带着准备好的祭品，三五成群前往坟茔。村子里的坟茔大体分为两类：一类是共同的祖坟，属于全村超过三代以上先人埋葬之地；另一类是小家族各自的坟地，是三代以内先人埋葬场所。另外也有一些分散的坟地。上坟的顺序也有讲究，先给“老祖宗”“老先人”上，之后才是三代以内的先人。前者是全村同姓村民集体聚集的地方，后者是小家族聚集的地方。在共同的祖坟里也有你我之分，每一个家族对应一列自己的“先人”，洒水、放食物、插花、点香、点蜡烛、烧冥币、磕头，顺序不能乱，仪式完毕，大家就开始寒暄问候，谈的多是现实问题，诸如“你家娃娃在省城干什么？”“听说XXX还在搞矿”，等等。至于“先人”的名讳是基本不提及的，尤其是村中三十岁以下的男性村民，关于祖上信息知之甚少。相比共同坟茔的祭拜，小家族各自的祭拜则显得认真严肃得多。在前面常规祭品的基础上，还会带上墓地柏树苗、铁锹等。大家把坟地上的杂草锄掉，在周围种上墓地柏，象征风水越来越好的意思。之后会就子孙的教育、工作、生活等展开交流，并将某某子孙的成功归结为坟地风水好。最后在一片笑声中离开。

---

① 萧楼：《夏村社会：中国“江南”农村的日常生活和社会结构（1976-2006）》，北京：生活·读书·新知三联书店，2010年，第259页。

以上提及的是窑村清明上坟的一般场景。2012年以后，无论形式还是内容都发生了一些变化。首先，祭品以购买的成品为主，过去还会自己动手蒸馒头，后来直接改为面包，且各种纸质的衣服、“名牌纸车”“手机”“别墅”等大量出现，只要现世有的一定要“烧给”先人。能买则买，省事、省心建构了上坟祭祖的简约化逻辑；其次，在时间安排上以快速完成为目的，即上坟祭祖变成了一件单纯的“事”。村民通常匆匆来、匆匆走，群体性交流互动减少，“走完流程”即可。“还有很多事情要处理”成为多数人的口头禅，时间压缩以及上坟“象征性”应对忽略了祭祖仪式背后的意义和价值；最后，“家庭”的核心地位更加牢固。在小家族坟茔中，虽然每一个坟地都会有祭品，但祭拜的重心是私“己”的家，至于推及的亲属祖先则被放在次要位置。“家”的推展性和伸缩性以及由此展现的弹性在这里可以窥见一斑。

我们看出，简约性、时间规制性和现实性已经将清明祭祖的生物性、血缘性压缩到“小家”或者“自我”范畴之内，实现了仪式和内容上的重构。这点在大年初一“供神子”活动上也有体现。“供神子”是窑村每年都要进行的集体性祭祖活动，整个村子逝去先人的名字会按照辈分、亲缘关系出现在一张幕布上。大年初一早上，同姓的男性村民在规定时间聚集在一个场所，场所一般选在当年有儿子结婚娶妻的家庭中。这一天，负责祭祖仪式的家庭会把代表村祖先的“神子”早早挂在房壁上，备好桌子、香炉、竹香、蜡烛等物品。在规定时间（2012年之前是早上八点），全村同姓男子带着整鸡（熟）、蜡烛、竹香、鞭炮各自前往负责祭祖的人家。按照约定流程，各家把供品摆在“神子”前面，之后开始放鞭炮。在浓烈的硫黄味儿中，村民们相互发烟、寒暄，沟通情感。鞭炮放完，村里有威望的老人会出面主持磕头仪式，大家按辈分分排站好，磕头三次后祭祖仪式正式结束。整个过程持续四十分钟左右，除了少数上了年纪的老人会在“神子”前驻足缅怀“先人”，其他村民都沉浸在“他乡”经验分享和自我展演当中。虽然仪式本身具有传递同根同祖的传承性和纽带性的作用，但极简化的处理——“三次磕头”——带给村民更多的是非正式的体验，这种体验在无形中消减了祭祖的深层含义。

关于祖先祭拜的变化，村里有一位长者谈了自己的想法。

> 过去的仪式是比较正规的。有威望的老人会在开始前讲一些规矩，老人讲话的时候下面的村民是不能说话的。为什么要讲？村里一代又一代的人出生，老祖宗从哪里来的，一辈传一辈，得告诉大家。虽然本家不同，但本家往上都是一个祖宗。现在，你看看，时代变化了，程序也简化了，大家有说有笑的，一起磕三个头就完了。都是各自忙各自的！（村民WY的访谈，2016：8–9）

访谈中，其他村民也零星说明了这一点。可以说，经过近三十年矿产经济的“洗礼”，“市场化将人进一步转化为直接面对社会的人，年龄、职业、财产、谋生能力，直接面对社会规则和惩戒……个人被抛向一个相对陌生的社会空间……人们就淡忘了祖先崇拜”[①]。虽然绝大多数村民的生活空间依然在村庄，但更大社会空间的规则已然嵌入乡土社区，并深深融入祖先祭拜的仪式之中，再生产了村民的转型。生物性的联络还在，但自我性或者说以“家”为中心的“我”逐渐取代由祖先崇拜构建的社会联结结构，一种谭同学所谓的“工具性圈层格局”[②]或杨善华、侯红蕊的“差序格局理性化”[③]

---

① 萧楼：《夏村社会：中国“江南”农村的日常生活和社会结构（1976-2006）》，北京：生活·读书·新知三联书店，2010年，第261页。

② 参见谭同学：《桥村有道：转型乡村的道德权力与社会结构》，北京：生活·读书·新知三联书店，2010年。

③ 杨善华、侯红蕊：《血缘、姻缘、亲情与利益——现阶段中国农村社会中的“差序格局”的“理性化趋势”》，《宁夏社会科学》1999年第6期。

便产生了。当“农民的生活实践从祖荫下转为在自我的阴影下”[①] 的时候，乡土性变迁便成为事实。

二、拟亲缘：亲缘关系的延展

研究中国乡村变迁，亲属关系是一条重要的线索。这条线索又可以分为两个方向：一个是亲缘制度变迁，另一个是“拟亲缘”的生成与演化。前者以“家”为单位，沿着父系和母系的坐标不断推展，父系的力量要显著一些。作为最强大的社会黏合剂，亲属关系纽带束缚着所有社会关系中的人（不论乡村还是城市）。人们通过亲属关系创造了社会团结的关系，缔造了“社会结构”。学界通常把亲属或亲缘关系认为是传统乡村社会维持秩序和持续存在的惯例和规则，费孝通先生在《乡土中国》中关于“差序格局”“血缘地缘”“家族”等的论述也证明了这一点。这一特性不仅在村庄日常生活中点滴体现，而且主要通过我们前面讲到祖先祭拜仪式活动得以强化。换句话讲，当彰显亲缘关系强弱的仪式化活动被村民淡化处置时，亲缘关系便发生了变迁。窑村的变化在于“理性”渗透到村庄实践中，以重“自我”（包含家庭）轻“家族”的面貌出现。就“拟亲缘”而言，则是亲缘关系的社会性拓展。类似于麻国庆提出的“拟制”概念，即：拟制的家主要指在社会结合的人与人的关系中，在生理上、血缘上没有亲属关系的人们，以和亲属相类似的关系来设定他们之间的关系。[②] 折晓叶关于珠江三角洲地区万丰村的研究也证实了这一点。

---

① Liu Xin.*In One's Own Shadow*：*An Ethnographic Account of Post -reform Rural China*，C.A.：The University of California Press，2000，pp.184-185.

② 参见麻国庆：《家和中国社会结构》，北京：文物出版社，1999年。

……不过，我们在村子里却可以发现亲缘关系向村域外扩展的事实。亲缘关系向村域外的扩展遵循的不是“家”作为血缘群体的原则，而是作为“事业单位”的原则，大致沿着两个线索进行。一种是出于发展事业的需要，借助宗族的亲缘联系，进行地域上的扩展，结成家族的地方群体联盟。另一种亦是出于发展事业的需要，拟制出类似亲缘的关系，在利益加感情的双重关系下，结成家族与非家族成员间的合作联盟。①

折晓叶提出“拟家族”“拟亲缘”的概念，用来指涉在家族村落中取得惟一生活经验和习惯的人们，在组建家族以外的团体或组织活动时，自然而然地将家族中的结构型态、亲缘关系模式和处事方式推广、概化、代入那些非家族性的团体或组织的现象。② 在窑村中，同样存在“拟亲缘”的结构或者准确地讲是“拟亲缘”经历带来的拟亲缘网络的广泛应用。在矿产经济时代，由于外来人口聚集，雇佣关系曾广泛存在于村庄之中。一个是村民与村民之间；一个是村民与外地人之间。村民与村民之间的雇佣关系大多是建立在血缘之上的亲属联结，这种联结极大地依赖于人情，而在乡村场域中，“亲密社群中既无法不互欠人情，也最怕‘算账’”③ 。这与市场逻辑是有出入的，因而，村民与村民之间的雇佣并不多，只是在矿产经济后期才逐渐多了起来（大抵是由于之前已有的市场化经验累积所致）。这个时候，“拟亲缘”在村民之间的拓展表现为其行止轨迹的变化，逐渐从地缘联系转换为

---

① 折晓叶：《村庄的再造：一个“超级村庄”的社会变迁》，北京：中国社会科学出版社，1997年，第228 ~ 229页。

② 折晓叶：《村庄的再造：一个“超级村庄”的社会变迁》，北京：中国社会科学出版社，1997年，第232页。

③ 费孝通：《乡土中国》，北京：北京大学出版社，2012年，第120页。

角色扮演。比如，受雇于GXY耐火材料厂的村民，在厂子里称呼GXY为厂长，而不是基于辈分的称谓。也许私底下会直呼其名或按照家族辈分进行交流，但只要在公共场合或是人多的时候，是不会有亲属称呼的。这种变化延续到2012矿产“退场”以后，受雇于GYS养猪厂的村民，同样亦是如此。显然，工业化市场化以后的村民开始放开自己的生活半径，能够在乡村逻辑和陌生规则之间进行游刃有余的转换，“行止轨迹”的空间性拓展促使其从地缘联系转变为角色扮演。而在村民与外地人之间，“拟亲缘”则建立在非血缘的社会关系基础之上，少了一层血缘或地缘关系，这种联结自然就容易一些，“算账”“清算”也不会变成绝交。矿产经济时期，村民与外地人之间的雇佣关系比较普遍，一般习惯用“兄弟”“哥们”“XX弟”（XX指不加姓的“名”）等来称呼雇佣（合作）的外地人，村里的小孩也被要求降低一个“辈分”称呼那些自己父辈们的“合作伙伴”为“XX叔”“XX姨”等。通过拟似家族的兄弟、亲戚、朋友等亲缘关系，村民与外地人之间建立了充满信任感、安全感和责任感的合作。村里人讲，“谁家的‘工人’和谁家亲，春种秋收的时候，庄稼地里大部分都是各家‘工人’在帮忙，纯粹地义务帮忙”。这种帮忙没有经济上的回报，但礼物的馈赠是必须要有的，烟、酒、饭是回馈的常用方式。虽然“帮忙—馈赠”也存在于亲属之间，但是“亲戚的人情债难还”，不如与外地人打交道来得痛快。通过与外地人建立“拟亲缘”关系，一方面极大地稳固了双方雇佣（合作）的“一体感”，有利于共同事业良性发展[①]；另一方面有效地规避了人情往来带来的关系失衡。可以既讲“人情”，又“明算账”，只要双方提前沟通好，就不会出现“秋后算账”或“不再往来”的情况。

① 矿产经济时期，村民之间也会因“矿”而发生竞争，“外地人”作为雇佣合作的主体，与他们关系的亲密与否直接影响竞争结果。

值得一提的是，这种建立在双方在场（合作）前提之下的“拟亲缘”关系，在矿产“退场”后依然深深地影响着村庄。无论是“向土地讨生活”，还是向外发力流动，多数村民都会不自觉地将亲属关系的层级扩展和功能应用拓展开来。大家一改过去与陌生人打交道时直呼其名（最多是熟悉了称呼“老XX”）的做法，“兄弟”“哥们”“XX弟”的称谓充斥着村里村外。

三、行事逻辑：从“我想”到“我需要”

费孝通先生在《乡土中国》中提出，“在乡土社会中人可以靠欲望去行事，但在现代社会中欲望并不能作为人们行为的指导，于是产生了需要，因之有了‘计划’。”[①] 欲望是人本能动机的直接表达，偏向感性范畴；需要是根据现实主客情境而来的，偏向理性范畴。通常我们把支配人们活动的理性视为现代社会的特性，而将乡村视为缺失理性的另外一极。在此逻辑下，建构了从传统社会到现代社会、从乡村到城市的现代性之路。事实是，无论乡土社会，还是现代社会，这两者都是主体人的特质。区别在于，孰重孰轻，侧重于哪一方面。在中国传统乡村社会，基于“欲望”的生存实践不仅仅囿于欲望，而是费孝通先生所说的“文化事实”，即“人造下来教人这样想的”[②]。这是一种经验的累积和传承，是过去生活经验的提炼与总结，是有助于生存的。从饮食习惯的地方差异到种地技能的获得，大都如此。现代社会的人同样也有欲望，但是这种欲望也不仅限于“欲望”，还有基于理性实践形构的自己的“文化事实”。这种情况下，“人依了已知道的手段和目的的关系去计划他的行为”[③]。一方偏于经验知识，一方偏于科学知识，二者差异

① 费孝通：《乡土中国》，北京：北京大学出版社，2012年，第133页。
② 费孝通：《乡土中国》，北京：北京大学出版社，2012年，第136页。
③ 费孝通：《乡土中国》，北京：北京大学出版社，2012年，第139页。

仅此而已，没有优劣之分。

在窑村的实践场域中，村民的感性和理性抑或“我想”和“我需要”交织出现在日常生活世界中。针对不同的客体，他们实施不同的应对策略。譬如，以土地为主要生计依赖的时候，他们靠着祖先几百年留下的种地经验过活，只需要“看天”即可，不必做任何计划，因为“靠天吃饭”决定了其何时耕地、何时下种子、何时收割。这既是“天”的安排，也是祖先的经验，照做就行。而以矿产资源为生计依赖的时候，经验知识就会“失灵”，打破村域边界的市场有自身的运作逻辑，村民必须重新学习，做好规划，权衡利弊得失，这便是我所说的“矿产逻辑”。这种包含市场理性的“基因”经过近三十年的时间渗透，使村民的“现代性转型”有了深层次的积淀，从而再一次以经验知识的方式进入村庄世界，指导后来者在类似的情境中该如何行动。因此，我们看到，2012年以后，村民生计转型中或多或少都有理性的因子。即便是回归土地，他们也会在选择种什么以及如何通过技术处理使受到矿产粉尘污染的土地最大限度地适合种植等问题上，表现出相当程度的理性。

不仅如此，在前面提及的养殖户中，他们不仅分析市场形势，而且注重技术学习与积累，重视成本收益的价值分析，更知道如何利用已有条件，通过科学的手段、先进的技术实现获利。还有那些进入城市做小买卖的村民，在过去“技能加持”的背景下懂得如何因势利导、扬长避短。从村民身上，我们看到的不仅仅是“我想”，更是“我需要”的反身性深度思索。

同时，在窑村中，我们也看到了“礼治”与“法治”两种秩序在村域中相互配合、共同推动村庄良性发展。矿产经济时期，因“矿”而产生矛盾的事件很多，通常处理的方式很简单，即：找一个中间人（必须是当地有威望的人）进行调解。调解时，中间人会把“村规民约”搬出来，旁人也会以“都是一个村的”“都是一个‘先人’”的说辞从中协调。一般情况下，矛盾双方会各自退让一步，达成和解。如若和解不成，便会找政府部门的人从中再调解。这个时候，国家相关法律就会起到较好作用。最坏的结果是，确实触犯了法律，必须走法律程序。用村民的话讲，“现在是法制社会，国家会给予公平的”，字里行间透着以法维权的自信。矿产“退场”后，村庄处理矛盾或者说村庄治理依然遵循前面所说的逻辑。具体如何处理，村民很好地将“我想”和“我需要”有机融为一体，实现了礼治秩序和法治秩序在村域空间的共存。

第五章　跨界村庄：从“农村”到“城村”（2017–2020）

从生计方式的视角看，从2012年到2017年，大多数窑村人已经“重回”乡村社会，村民逐渐完成了身份、职业与空间的重组和“乡土性”的重构，历经时空“流变”的“农村”场景又回来了。虽然此“农村”已非彼“农村”，但从结构、边界、功能、认知等方面来看，它依然是一个完整意义上的村庄。然而，村庄不是一个静止的存在，变化往往在不变中发生。2016年，基于村庄自然生态破坏严重（包括缺水、环境污染等）的现状，Q镇政府在对村庄多次调研论证的基础上，经上级部门批准，作出了村庄搬迁的决定。之后，村庄召开了多次村两委会、村民代表大会和村民大会，一致同意搬迁入城。自此，窑村开始进入“城村”时代。

第一节　跨界村庄的诞生

任何事件的发生都是有一定原因的，窑村搬迁入城亦是如此。实际上，2016年年初，搬迁准备工作就已经提上村庄日程。就村庄而言，同意搬迁的主要原因是生存环境恶劣。近三十年的矿产经济在推动村庄富裕的同时，也让村庄生态遭到较为严重的破坏。

其一，“井水枯竭”造成吃水难。村中原来有水井7口，出水多，水质好，有3口井已经拥有100多年的历史。过去村里的人早上起来第一件事就是到井里挑水，把家里的水缸挑满，寓意水多聚财、日子越过越好。但是，随着挖矿的深入，地下水结构遭到严重破坏，水资源大量流失，井水逐渐枯竭，村庄遭遇吃水难的问题。2012年，7口井全部枯竭，村里自然生成的两座池塘（地理位置上紧挨着3口老井）也见底了。不得已，只能通过从别的地方买水来满足日常需要。家家户户在自家院子里建了水窖用于储水，村里也集体出资修建了几口大型蓄水池，但依旧难以满足日常用水需求。同时，用水成本提高了，水质却不见得好。

其二，“好地变坏地”造成种地难。村庄围绕矿产资源进行的生产属于产业最末端，一方面，大量矿渣、砂石从地下到地上，再经过雨水冲刷进入土壤表层或浅层，破坏土壤结构，导致土壤贫瘠；另一方面，耐火材料厂、“选矿厂”“集堆场”释放的粉尘对小麦苗、玉米苗等当地主要农作物造成破坏，影响收成。再加上挖矿导致水土流失，多重因素下，不仅“好地变坏地”，而且收成也不好。纵使在2012年以后，村民在土地上投入大量精力，Q镇政府和村集体也请专家对土壤进行恢复性处理，结果依然不甚乐观。

其三，身陷“采空区”的安全隐患之中。矿山采挖不仅会破坏地表结构，也会对地底结构产生深刻影响。挖矿“喧嚣”时期，为了寻找矿源或者品质较高的矿石，有些村民在自己宅基地附近偷偷打矿口挖矿，在“连天炮火”声中，窑洞出现了“大口子”裂缝；有些村民甚至直接在宅基地下方挖矿，致使窑洞身处“采空区”，随时都有坍塌的危险。访谈中，我们发现，多数村民的房屋内墙或外墙都存在不同程度的裂缝。据村民讲，“晚上睡觉害怕窑洞会突然倒塌”，可见居住空间被破坏的程度。

除此之外，常年与矿产打交道也危及了村民的身体健康。村里卫生所的GTS告诉我："全村600来人，差不多有100多人患有尘肺病或其他呼吸道疾病，都是挖矿拉矿导致的。"在我的访谈过程中，有很多人也反映了这一情况，特别是尘肺病患者，他们想花钱治疗，但医生的回答却是，"只能维持保养，不能治愈"，这也许是挖矿带给村民最大的伤害了。

如果说村庄生态环境、生存条件恶劣是村民愿意搬迁入城的内部原因，那么地方政府、资本（市场）的力量则是主要的外部推力。据当地政府部门一位工作人员讲：

> 政府是做什么的？为人民服务。村里的问题，我们知道，最开始是生活用水短缺问题，之后是环境污染问题。我跟着市里派出的专家组去过这个村子好几回，窑洞裂开的口子太吓人了，有的甚至可以钻进去一个成年人。综合研判下来，必须得搬迁。而且，村里居住的以中老年人居多，年轻劳动力大都外出了。问题很清楚，但怎么搬？需要资金，需要投入，需要另找地方建设新农村。于是，我们就从村庄的资源入手，又组织了一批矿山技术团队去村庄采样。这个村子地下矿产资源比较丰富，有铁矿、铝矿、煤矿，只是过于分散，不集中，不利于大型采掘。采样团队出具了一份报告，上报市里，之后便是与市里的有关厂矿企业谈，几番下来，有一个铁厂老板愿意投入，包括拆迁费、新建住宅费、过渡租房费、坟茔安置费、青苗补偿费等等。最为关键的是这个老板开发完毕后，要根据政府要求复耕复垦，复耕复垦后的土地所有权归村所有。最后，三个小村子先后搬迁。（Q镇政府办公室主任CY的访谈，2017：12-9）

从中不难发现，基层政府和资本力量在村庄搬迁过程中发挥了重要作用。这里，“一种由强有力的国家以自上而下的方式来推进的以便实现理性与现代性的简约设想……与非个人化的、匿名的市场力量”[①]进行了有效衔接，通过政府组织和服务，引入市场化运作，从外部推动了村庄的搬迁。这个过程中，“矿产资源”作为媒介再次获得“重生”。正是基于此，市场的嗅觉——“要能闻出臭与香，还有能‘嗅出’成功的产品、机会或者消费者的需求”[②]——卷入村庄空间，在“国家怎么看”的视角下和村民并未失地的前提下，实现了村庄的再次变迁。

在这样的情况下，搬迁工作进展十分顺利。按照每人30平方米给予住房补贴，同时对房屋以10年一分段进行拆迁补偿，并对耕地、青苗、坟地、荒山荒坡等补偿都予以具体规定。在新房建成之前，投资方出资每年5000元为村民提供过渡性租房。新房选址方面，由X市政府、Q镇政府结合村民意愿选定，投资方投资建设。2017年七八月份，历时一年半，新房在市区南边竣工，九月，在Q镇政府的见证下，新房验收合格后交付给村庄。

2017年年底，村民陆续入住，开始了“城村”生活。新小区共有8幢楼，其中3幢归另外一个村子拆迁安置，剩下5幢归窑村所有（实际是3个小村庄）。考虑到常住村民平均年龄55岁的人口实际，每幢楼每个单元都加装了电梯。这样，一个聚类型“大村庄”社区便形成了（见图5–1）。新建社区依然实行原有的组织管理体制，即各个行政村按照原有管理模式实行自我管理、自我服务、自我教育、自我监督，虽同住一个社区，但互不干涉。从空间维度看，迁居导致村庄原有边界发生质变，属于嵌入式变迁，这种变迁既打破了抑或跨越了村庄地理上的边界，也一定程度上超越了原有组织体系、

① 艾约博：《以竹为生：一个四川手工造纸村的20世纪社会史》，韩巍译，南京：江苏人民出版社，2016年，第231页。

② 艾约博：《以竹为生：一个四川手工造纸村的20世纪社会史》，韩巍译，南京：江苏人民出版社，2016年，第229页。

行政体系和身份体系，虽然后者在目前看来迹象还不太明显，但相信随着时间的推移，这些社会边界也会被一一突破。同时，复耕复垦的土地依然归村庄集体所有，村民的承包经营权、使用权等都没有改变，意即搬迁入城没有让村民变成失地农民。在这个意义上，我把新的村庄社区称为“跨界村庄”。

图5-1　新的村庄社区

第二节　城市空间的生计实践

伴随“村民进城上楼”而来的是生计方式转变问题。根据搬迁协议，参与搬迁开发的厂矿企业需要在采掘村庄矿产资源作业完毕后复耕复垦，中间有近五年的“真空”时间，在此期间，村民是不能回到原村庄进行生计营生的。村民只能将目标聚焦于城市，在城市寻找可持续的生计。与多数异地搬迁进城的农民不同，窑村村民既拥有农民吃苦肯干的乡土本色，也拥有经营矿产经济的经验，尤其是“携有”过往近三十年的市场化实践知识，这些特质使得他们在城市场域中能够较快地适应新生活。

进城后的村民生计方式主要有四种[①]。一是自主创业（村里人称之为“做小买卖”）。这部分村民过去都有相关领域的从业技能和经验，进入城市后，一般都会“以技而生”。比如，原来的乡村厨师HZY，在小区旁边低价租了一间门面房，承揽整个市区周边乡村的婚丧嫁娶宴席。村里开过裁缝店的妇女GQL在市区大型百货商场一层租了小商铺，专门从事衣服裁剪工作。开过养鸡场的GRX、HRS、HSS三人联合在靠近小区的城郊村租了一块场地，继续开养鸡场，主要出售鸡蛋和肉鸡，2019年年底，他们的鸡蛋和肉鸡已经供应到全市三分之一以上的饭店和菜市场，规模还在不断扩大，还雇用了十几名村里妇女。村民GSS办起了婚庆公司，业务范围包括婚丧嫁娶的乐队、婚礼现场装饰、相关礼品出售等。还有一些村民积极参加政府组织的技能培训班，培训合格后开了理发店、服装店、蛋糕店、饭店等。少数年轻人利用互联网进行直播带货，一定程度上实现了信息技术赋能增值。二是从事服务行业。包括：门房保安、仓库管理员、商场销售员、保洁员、环卫工人、饭店服务员、的士司机等。这部分人通常年龄在55岁左右，且存在职业性别分工差异。三是在市区厂矿企业工作。大多数从事矿石分拣工作，少数人在生产技术一线。村民开玩笑说：“兜兜转转就是离不开矿产。”四是从事代耕代种工作。由于新建村庄小区位于城郊，周边城郊村的农民很早就“洗脚上田”奔向城市、工业市场，窑村部分村民（主要是60岁以上的）看到这个机会，选择赚取耕作佣金，“代耕农”职业便出现了。村民们调侃说：“歇着也是歇着，多少赚钱，总比啥也没有强。”

除了以上四种择业方向，村中还有一些年龄在65岁左右的老人和妇女专职从事家务劳动，负责做饭、接送小孩上下学。他们是每个家庭根据劳动能力和内部分工主动选择的结果，这部分人是“新村庄”白天公共空间的

① 包括2012年以后已经进城的村民。

"主角"，村里的甚或市里的事情都会在这里传播。

为了更加明显地勾画这个跨界村庄的生计方式，我们根据访谈资料，编制了2019年窑村劳动人口职业情况表（见表5–1）。

表5–1　2019年窑村劳动人口职业情况表

职业		数量（个）	人数（人）
自主创业	流动宴席公司	2	2+10
	裁缝店	3	3
	养鸡场	1	3+15
	婚庆公司	2	2+3
	理发店	3	3
	美容院	1	1+3
	服装店	2	6
	蛋糕店	1	2
	饭店	4	4
	便利店	3	3
	互联网直播带货	2	2
	小诊所	2	2
	宠物医院	1	1+1
小计		27	34+32
服务行业	门房保安		16
	仓库管理员		12
	商场销售员		6
	保洁员		8
	环卫工人		7

续表

职业		数量（个）	人数（人）
服务行业	饭店服务员		5
	的士司机		14
小计			68
厂矿行业	专业技术人员		6
	矿石分拣员		21
	D铝厂职工		6
小计			33
农业	代耕农		4
其他职业（含在籍政府部门工作人员）			54
专职家务的妇女以及部分有劳动能力的老人			132
无业			12
合计			369

注：统计数据来源于2021年驻村调研访谈整理，村庄在籍村民大概660人左右。村中没有专门统计数据，故表中数据为大概情况。村庄中的实际劳动力年龄跨度很大，只要手脚能动，他们一般都会选择工作，统计时劳动力人口含54岁以上女性和59岁以上男性。为统计方便，自主创业人员中，部分以创业村民（即老板）+村庄雇工（村民）的形式呈现，实际上，受雇于本村“老板”的村民也可以划为服务行业。

从表5–1中我们可以进一步发现，（1）如果我们按照受雇与否将村民从事职业划分为两大类，那么受雇者人数（含服务行业、厂矿企业、农业和其他职业）占51.8%，超过村庄劳动人口半数；未受雇者人数（含自主创业、专职家务劳动和无业）占48.2%。这个比例说明村民进城后多选择容易“上手”的职业作为主要生计方式。（2）在具体职业选择中，村民大多从事与日常生活密切相关的职业，涉及吃、穿、住、用、行方方面面。用村民自己的话来说，“什么时候都离不开吃穿住用行”。（3）自主创业做生意的村民，村里人称为“生意人”，只要存在买卖行为就是生意人。除养鸡厂和流动宴席公司小有规模外，其他规模都比较小。从实际从业人数来看，仅有34人，但就窑村自古鲜有经商传统的历史来看（矿产经济属于特例），这个比例不算低。而且，这些行业大都需要一定的专业技术，技能“在体化”在城市生活中显得尤为重要。村里的大人教育孩子时经常会说，“不好好学习考不上大学的话，学个手艺起码能养活自己”。这和前面的研究发现一致，一定程度上反映了村民已经具备比较成熟的现代性思维——基于社会分工的现代性在造就更多分工的同时，也需要大量技能傍身的个体。（4）专职家务劳动的妇女、老人占比35.8%，反映了空间迁移对家庭分工有影响。虽然乡村社会中大多数妇女以家务劳动（包括照顾小孩）为主，但在2008年至2012年间，这种趋向在窑村有所改变，有一部分妇女在孩子上学之后会从事矿石分拣工作，以补贴家用。而村中老人过去在儿子成家后便会分家分户，他们通常或赋闲在家或从事少量农业劳动，照顾小孩、做家务的不多。进入城市后，城市空间无形中对分户的小家庭进行了整合，在必须以“大家庭”“大局”为重的前提下，有一些老人和妇女开始了长期的专职家务劳动。（5）多数村民的生计已经抽离或暂时抽离土地，仅有4人从事与土地有关的代耕农工作，且年龄均在60岁以上。造成这种局面的主要原因是：搬迁导致跨空间流动以及这种流动带来的“暂时性”失地。

需要特别说明的是，村庄的部分村民（40岁至55岁）开始通过政府技能培训和互联网技术赋能学习专业技能知识。一位在村里零星干过兽医工作的村民分享了他的个人经历：

我今年54岁，原来在村里种过地，也挖过矿，在GXY的厂子里也干过。自认为就是一个地道的农民。大的本事没有，但闲不住，不管在哪里，只要能做点事就成。进城以后，大小子给家里装了网络，我就通过手机看网络课程学习兽医知识。小时候就喜欢动物，喜欢琢磨这些事情。断断续续学习了三四年吧。在村里的时候，谁家鸡生病、狗“翻肠子”，都会叫我去瞧瞧，根据自己琢磨的东西治好了不少动物疾病。2018年，我参加了政府组织的培训，有了一个合格证书，并申请了乡村兽医证。2019年和儿子一起开了一家宠物医院。儿子上的是省城的畜牧学校，他自己有证书的。一直做到今天，小县城养宠物的人不是很多，但最近这两年好很多，宠物猫、宠物狗，有人还养宠物猪。生意慢慢好起来了，如果不是疫情影响，生意会更好。现在白天去店里上班，晚上在小区和村里的人说说话，挺好的！（师村村民HGW的访谈，2021：7-4）

“在现代社会里知识即是权力，因为在这种社会里生活的人要依他们的需要去做计划。”[①] 虽然村民未必理解知识与权力之间的深刻关系，但他们却是实实在在地践行着这一理念。这是一场“无须过多言说”的现代化之路。

事实上，村民从乡村（实体意义上的）到城市的空间位移之路，并非一帆风顺、一片坦途。因为不同的空间会生产和再生产不同的甚或新的事件、问题，所以，主体势必会在“纠结—平复—再纠结—再平复”的不断拉扯中尝试适应。关于这部分内容，我会在后面详述。这里，需要强调的是，村民开拓出城市生计道路不是一蹴而就的，而是在时间的延展中循序渐进实现的过程。在这个过程中，既有村民基于矿产经济实践知识的“功劳”，更有大量关系丛的支持，包括2016年[②] 之前进城的村民、亲戚以及拟亲缘关系。恰恰是后者，在村民城市职业选择中充当了“引路人”和“心理疏导师”的角色。

---

① 费孝通：《乡土中国》，北京：北京大学出版社，2012年，第139页。

② 实际上，从2016年10月份开始，村民就已经陆续进城，以租房的形式散居于X市。

无论是做小买卖，还是雇工，在门面选址、执照办理、生意介绍、原材料采购、产品销售、招聘信息等等方面，“亲缘+村缘+拟亲缘”的关系丛网络都发挥了积极作用，为他们快速“落脚”适应城市生活提供了重要保障。

第三节　空间再造与村庄转型

从整体上看，窑村的搬迁本质上是一个村庄空间再造的过程，“是一种与原有空间建构逻辑所不同的、对多维空间形态以及空间属性所进行的再次建构”[①]。新的村庄社区在空间形态、空间配置、空间属性[②]等方面都与过去的村庄有明显差异。

首先，从空间形态上看，搬迁之前的窑村是一个拥有五百多年历史的村庄，其空间生产主要是由无数代的“先人”为主体推动的，遵循乡村社会的乡土逻辑。站在村庄正南方看整个村落，依山而建，层次分明，错落有致（见图5-2）。这种空间布局不仅反映了村庄的自然地貌情况，而且也是村民亲缘结构的呈现，是血缘关系在村庄建筑空间中的折射（见图5-3）。同时，村落空间布局紧密结合了生计空间，房屋的周边（只要有可能）都是村民农业劳作的场域，并未做生计和居住空间的“切割”。即使是矿产“在场”的23年中，无论是依附性经济、自营性经济还是“地下经济”，基本都在村庄空间内，且距离房屋都不远。“窑洞+院落”是主要的居住空间形

① 王寓凡:《空间再造与扶贫搬迁人口的社会适应》，华中师范大学博士论文，2021年，第57页。

② 这里的“空间属性”主要指空间性，是在列斐伏尔的“空间生产”和“空间的生产”意义上使用的。

式，2000年左右，基本上达到了一户一院落，院落和院落之间呈现水平布局。院落围墙内属于私人空间，围墙外则是公共空间（见图5–4）。但在日常生活实践中，窑洞外院落中的私人空间也是开放的，经常和房顶一样用作“闲话”“村庄趣事”等讨论的公共场域。当然，除了村委会办公场地及前面的空地和“山神庙”“观音堂”是公认的正式公共空间外，村庄并没有进行私人与公共的空间划分，许多公共空间都是非正式的，“田间地头”“院子房顶”“矿产采挖区”“小卖部”“卫生所”“坡上坡下”等零散化场地都可以成为“话语”聚集地。边界的模糊性、混合性和多功能性是其主要特征，“这些非正式的公共空间可以视作一种过渡空间，具有缓冲私人空间和正式公共空间的功能”[①]。

图5–2 搬迁前的村庄一角

① 王寓凡：《空间再造与扶贫搬迁人口的社会适应》，华中师范大学博士学位论文，2021年，第63页。

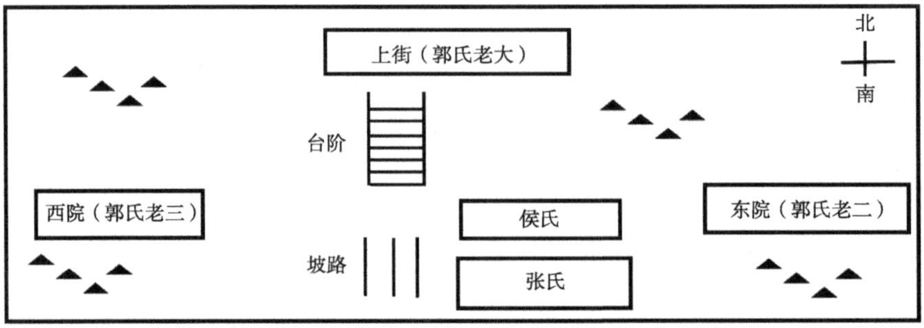

图5-3　搬迁前的瓦村平面图①

图5-4　搬迁前村庄一户院落

搬迁后的“村庄”空间是由政府和企业两大主体驱动建构的，政府主导，企业参与，遵循“行政逻辑和市场逻辑”②。从前面图5-1可以看出，新的村庄社区打破了过去层次分明依山而建的空间布局和“窑洞+院落”的居住空间格局，取而代之的是城市随处可见的楼房。楼房以垂直形态为特征，通过“楼号+单元号+楼层+房号”的形式表征家庭住址，“×室×厅×卫”

① 小三角代表房屋。村民在原有空间布局基础上不断建新房，但基本维持“上—东—西”的格局。

② 王寓凡：《空间再造与扶贫搬迁人口的社会适应》，华中师范大学博士学位论文，2021年，第57页。

替代了“×间房”“一场院子”的房屋结构。与原来的一户一院落的水平空间相比，不仅大大缩小了居住空间，而且变相拉大了村民之间的物理空间距离。不仅如此，空间的“公共性”在这里得到更多正式规定。小区花园、停车场、健身场地、商店等现代城市意义上“标注”的公共空间取代了过去模糊的认定，与之相伴而来的还有各种规范性约束。此外，新的“村庄”还割裂了居住空间与生计空间，并通过时间和距离强化了这种分离，而这种分离同时也推动村民融入市区生活。

过去讲回家是进院子，现在是上楼。一进一上，感觉不一样。我原来在老家有6间窑洞，一个大院子。院子有鸡窝、猪窝和狗窝，还种着一些蔬菜。院子西边就是承包地。夏天的时候，一大早出门扛着锄头就去地里了。老婆做好饭，站在院子里喊一嗓子，我就听到了。现在你看看，小区里不能种地吧，这么多楼，我出去转悠转悠，老婆叫吃饭，必须打电话。上楼回家还得换鞋。刚开始搬来的时候，一进楼门就觉得堵得慌，根本没有过去院子里“畅快”。（安村村民WXL的访谈，2021：7–12）

原来在村里的时候，我就爱串个门，很自然地就去了邻家。现在呢，串门还得提前微信约，进了家里还要换鞋，麻烦得很！后来我串门就少了，顶多在小区里走走，碰到村里人一起唠唠闲话。（瓦村村民HYZ的访谈，2021：7–12）

其次，从空间配置上看，搬迁前的村庄里有过便利店、卫生所、饭店、汽修厂、蔬菜水果店、理发店、裁缝店等小商业，一定程度上较好地满足了村民的日常生活需要。但这些配置因其对外来人口极强的依赖性而具有很高的变动性和流失性，人口集聚则突增，人口减少则迅减。2016年，村庄只有一家小卖部和一家卫生所，且经营者长期生活在市区，在服务村民方面大打折扣。在休闲娱乐设施方面，仅有几个年久失修的户外健身器材散落于村委会办公场所前面的空地上，鲜有村民使用。搬迁后的村庄在服务设施配置上和一般城镇无异。小区门口就有两家小便利店、一家诊所、两家蔬菜水果店、一家棋牌室和一个大型饭店。周围还有药店、生活超市、肉店、五金店、文印店、照相馆等，生活设施配套极其完善。小区距离市中心繁华地带仅有6公里左右，可以共享市区一切设施，极大地满足了村民各方面的需求。

最后，从空间属性（空间性）上看，主要表现为“乡土性”与“城市性”的差异。搬迁前的村庄空间具有较为浓烈的“乡土性”。虽然历经矿产经济“洗礼”，国家、市场和社会建构的现代性以或显性或隐性的方式进入村庄，村庄发生了变迁，乡土性实现了重塑，但是变迁重塑并未彻底消除基于血缘和地缘纽带的村庄共同体本色，而是建构了以村庄共同体为核心、夹杂现代性和市场化因子的“新型”村庄。在村庄固有空间中，“只要多数村民生活居住其中，村庄就还是那个村庄”[①]。纵使人口不断流出，但“根”还是扎在村子里的。所谓“故土故乡”，先有“土”后有“乡”，无土之乡便成了回忆中的“他乡”抑或主体间性意义下的“他域”。而搬迁后的村庄空间具有先天的“城市性”。在跨界村庄再造的过程中，政府和企业是“空间表征”的两大关键主体，他们按照城市居住模板和风格实施了空间生产，即生产了空间的“城市性”，在此背景下，新的村庄空间必然会生产契合城镇化需求的社会实践，并对居住者产生空间性影响，我们通过前面搬迁前后物理空间的差异可以明显窥见这一点。尽管入住的村民也会通过自身实践推动空间再生产，但“城市性”烙印会深深镌刻在新村庄空间的历史中。

① 这里引用访谈时村民的原话。

通过以上两种空间的比对不难发现，搬迁前后村庄从本质上发生了变化。从空间辩证法看，作为一种社会（关系的产物），“空间里弥散着各种社会关系，它不仅被社会关系所支持，同时也生产社会关系和被社会关系生产”[①]。因此，从“农村”到“城村”的空间变迁，不仅是物理空间的变化，同时也是社会空间和心理（意义或文化）空间的变化。搬迁入城一方面促使“离散的、同质性强的自然共同体转向集中的、异质性强的行政共同体”[②]，另一方面也表征村庄共同体的自然、社会、文化边界发生变动，从而引发村庄转型进入新阶段，表现出一些新的特征。

其一，社会交往的“扩大化”与“缩小化”并存。新的社区由五个小村组成，打破了原来单个村庄的独立边界，在物理空间上实现了同一性的重构。同一社区内，五个小村的村民难免“抬头不见低头见”，经常性的“遇见”促成了“相识”，时间久了，社会交往边界就自然扩大了。不管有无实质性交往，新的地缘结构势必会生产更大的关系圈。与此同时，伴随生计空间与居住空间的分离，城市中的社会交往也多了起来。不论是自主创业者还是服务者，亦或“代耕农”，他们的社会关系已经大大溢出了原有村庄空间。而且，单就生计空间而言，大多数村民已经深深嵌入或卷入城市空间。他们学会了骑电动车，知道了交通规则，懂得了“职场交际”，并且将过去近三十年变迁收获的“拟亲缘”关系灵活运用到城市人际交往中。用村民自己的话讲，“交了一些新朋友”。但是，在访谈中，我们也发现一个有趣的现象，即社会交往边界扩大的同时也在逐渐缩小。“缩小”体现在“想真正深入交往的人”不多了，一种面向小家庭（亲缘）或原村庄的收缩性的社会关系网络正在壮大。在交往频次和深度方面，村民日常“闲话”的对象主要是

① 亨利·列斐伏尔：《空间与政治》，李春译，上海：上海人民出版社，2015年，第27页。

② 郭占锋、李琳、吴丽娟：《村落空间重构与农村基层社会治理——对村庄合并的成效、问题和原因的社会学阐释》，《学习与实践》2017年第1期。

本村人，且话语中常常充斥着“咱们村”“他们村”的区隔。在小区公共空间使用方面，根据村庄占有楼宇，很自然地将楼宇前的空间视为各自村庄所有，别的村庄的村民很少会使用或占有。

> 自从搬来之后，我主要和村里的人聊天，有时候打牌会和SJY村的人一起，但总感觉不是特别亲。他们村的人原来也都基本认识，但不熟，见面会打招呼，但没什么可说的。除了饭店认识的人，平时还是和村里人一起的时间多。（师村村民LGF的访谈，2021：7-12）
>
> 我的亲戚基本都在市里住，平时休息的时候，我都会去亲戚那里吃个饭，姊妹们见面比以前多了。以前我在这个村，她在那个村，见面要么有事要么就是过年走亲戚。现在只要有时间，想什么时候见都行。平日里，打交道的还是村里的那些人，其他村的基本没有说过话。（安村村民ZNN的访谈，2021：7-12）

其二，村庄文化边界在延伸中得到进一步强化。“文化边界是基于共同价值体系的心理和社会认同”①，是村庄共同体得以存在的本质属性。与一些合并、搬迁村庄的文化边界被打破、松动不同，窑村的村庄文化表现出了较强的“生命力”。虽然在空间形态、生计方式、社会交往等方面都发生了大的改变，村庄的文化边界也随之延伸到社区乃至市区，但村民对村庄的情感、归属和认同不减反增。搬入新村庄社区后，联系村民情感和维系共同体意识的两大传统活动——清明扫墓和大年初一祭祖仍旧继续。村庄搬迁并未把坟茔一并迁入市区，而是在村庄另辟一块集体土地作为公墓。这样做的好处是改变了过去“先聚集后分散”的扫墓方式，变成了集中扫墓。在同一

① 李培林：《村落的终结——羊城村的故事》，北京：商务印书馆，2004年，第39页。

时间同一地点，几乎全村男性村民都会到场，祭拜完毕后，通常会一起聊一聊公墓的保护问题，进而牵涉到祖先、血脉关联的讨论。谈话虽然细碎，却能勾连进城村民共同的祖先记忆，无形中强化了彼此的文化认同。而大年初一的祭祖仪式更是愈发规范。除了之前的仪式外，德高望重的长者通常会简要讲述家族的历史，并发出“不忘祖辈，同根同源”的号召。之后，村主任组织村民进行传统“闹秧歌”表演，村民大都会参与其中。通过这种形式，村庄记忆、村庄共识和村落文化被不断重复唤醒，激发村落共同体意识。除了这两个表征村庄文化边界的仪式活动外，远在“故乡”的土地也是一个很重要的原因。在村民的认知世界里，他们虽然失去了原来的村庄，但并未失去土地，有土地即表明其根之所在。即便是在城市性较强的新空间中，很多村民依然表示，将来复垦完毕，他们就会回去种地。据瓦村的村主任GYS说：

> 当年搬迁时，其中一个条件是复垦完毕，土地所有权依然归村集体所有，同时开采企业也承诺会在村里盖房子，每户一间，保证村民承包经营土地的权益。村里土地刚刚确权完毕，已经有人提前报名要回去种地。说实话，只要土地还在，村里的人还是村里的人。（瓦村村主任GYS的访谈，2021：7-14）

事实上，除了村庄自身加强村庄共同体建设的努力外，同一社区不同村庄之间以及社区与社区外村庄（ZJZ）之间的松散社会交往也是促使村民回归村庄共同体的重要因素。社区内部村庄与村庄之间日常交往呈现“表面化”“形式化”的特征，深度交往不够，社区感尚未建立。而整个社区与ZJZ村庄的关系也处于疏离状态。

和小区内其他村的人还好一些，毕竟都是西面山上下来的。和ZJZ基本没什么关系。在人家的地头上，人家也不怎么理我们。（师村村民HYY的访谈，2021：7-13）

其三，生计的“非农化”转型。生计是一切生活的基础和保证。从过去的“有土可依”到现在的“有土不能依”（暂时性不能）直接影响了村民的生计选择。前面我们已经就此做了职业类型的具体归类，从中可以看出，非农化或者说围绕城市生活的生计方式已经成为村庄的主流。经过两年多的时间，村民已经基本上适应了城市空间内的生计生活。虽然再过几年，村庄土地复垦后，有部分村民会重回土地，但按照现在生计选择的惯性和村中劳动力结构来看，“非农化”是主要趋势。访谈中，不少村民提到合作社的问题，或许不久的将来现代化农业将会出现在村庄“故土”之上。

总而言之，空间再造以“城市性”的跨界村庄替代了原先的“乡土性”村落，在实现物理空间变迁的情况下，带动了村庄社会空间和文化空间的变迁。村庄社区从“互识社区”到“半匿名社区”的转变，使得村庄共同体边界也出现了新变化新特征。但是，集中化的、陌生性的、以非农生活为主的新社区并未实质性消灭原有的村庄共同体。相反，新的村庄却以一种兼具“城市性”和“乡土性”的共同体形式存在。与2017年之前的村庄最大的区别在于生活空间从村庄进入城市，加速了现代性与传统性相互融合的城镇化进程。

第六章　结语

通过长时段的历史性叙事，我们呈展了窑村从1986年至2020年三十多年的变迁历史，借助当事人的回忆性口述，在故事和事件中窥探了窑村如何因矿产资源而一步一步实现村庄转型。作为村庄的“总体性事实”，三十多年的嬗变不是一个切片，而是一个过程。正如汤普森对“阶级”的断言一样，“它不存在于某一点的时空之中，而是存在于其自身形成的过程之中”[①]。只有了解认识历史过程，才能接近事实的真相。

第一节　国家、市场、村庄与村庄转型

作为资源型村庄，窑村在三十多年的变迁史中共发生了三次转型。第一次是1986年至2012年，村庄从“农村”向“矿村”转型；第二次是2012年至2017年，村庄从“矿村”向“农村”转型；第三次是2017年至2020年，村庄从“农村”向“城村”转型。之所以都称为“转型”，原因在于村民生

---

① E.P.汤普森：《英国工人阶级的形成》（上），钱乘旦等译，南京：译林出版社，2001年，第4页。

计方式、村庄样态以及村庄社会特征都与前一阶段有质的区别，且经过三次累积，村庄已经从单一的传统村落共同体演变为传统性和现代性有机融合的“跨界村庄”。通过过程性描述，不难发现，以矿产资源为媒介，国家、市场、村庄（村民）等多重主体互动互构是推动村庄转型的动力机制。

一、不可忽视的转型媒介：资源

明代文学家冯梦龙在其作品《醒世恒言·卖油郎独占花魁》中有：“自古道，靠山吃山，靠水吃水。”意思是当地有什么条件就依靠什么条件生活，这道出了几千年来乡土中国的生计逻辑，所谓“一方水土养一方人”说的也是这个道理。过去，乡土中国由于大环境的闭塞、认知的不足以及“弱质”的外界刺激等因素导致农民将关注的重心聚焦在土地上，费孝通所说的“‘土’是他们的命根……负起锄头另辟新地”①和黄宗智所说的“过密化”（或“内卷”）②皆说明了土地资源的重要性和“靠山吃山靠水吃水”的农民生存逻辑，在这种逻辑指引下，“在面临如何将优秀的资源最大、最优地使用这样的问题时，农民将自我的生计过程作为自然规律的一部分，通过顺应及利用自然等一系列行动实现自己生计的可持续性”③。但是，村域空间中的资源不仅有土地和水，还有如森林、矿产、动物、草地、能源等等，从广义上讲，甚至包括生活于此的祖辈世代累积而成的“生产方式”和“精神气质”。在相对稳定封闭的场域中，这些资源通常不会被发掘，因此也就不会对村庄产生影响，但是，一旦发生大的社会变迁或者村庄“卷入”变迁洪

---

① 费孝通：《乡土中国》，北京：北京大学出版社，2012年，第10-11页。

② 黄宗智：《长江三角洲小农家庭与乡村发展》，北京：中华书局，1992年；黄宗智：《华北的小农经济与社会变迁》，北京：中华书局，1986年。

③ 候婧、左停：《生计过程中的农民行动逻辑》，《青海民族研究》2016年第3期。

流时，它们便会蜂拥而出，积极充当改革和转型的“先锋军”。换句话讲，任何村庄的转型必然有内部的资源作为媒介，村庄依托此媒介与外界进行沟通，在互动中推动村庄的量变与质变。苏南模式、温州模式、浙中模式和珠三角模式等城镇化实践都是基于当地资源的一种突破与变革。

对于窑村而言，在传统与现代的转型谱系中，丰富的矿产资源扮演了重要的媒介角色。正是由于在村庄中发现了储量丰厚的铝矿石资源，才有了1986年的征地，进而引发村庄边界分化和矿产“进场”。而从1989年到2012年的23年时间里，无论是集体兴办的耐火材料厂，还是自营性经济、依附性经济和“地下经济”，“矿产资源”始终是村庄生产生活的中心。从一开始的生计倚仗到后期的发展致富、经济增长，村庄对矿产的依赖性越来越强。而2012年到2017年，矿产虽然“退场”了，但矿产经济形塑的市场逻辑却深深地烙印在村民的潜意识之中，推动村民向内和向外发力。2017年以后，村庄搬迁入城，成为“城村”。其搬迁的主要原因依旧有矿产资源的“身影”。而村民能够较快适应空间再造的城市生活，也得益于过去因矿产经济而习得的市场化技能。三十多年的嬗变之路，倘若没有“矿产资源”的存在和媒介作用，窑村或许依然是村民记忆中的那个村庄——以“土”为生，靠“土”吃“土”。

二、国家、市场、村庄与转型

（一）国家与村庄转型

统观30年的历程，国家的影响时刻存在，或以具象的形式如征地、政策、基层政权组织表征，或以抽象的方式如资本、市场等，窑村的变迁转型始终离不开国家的影响甚至主导。在窑村转型变迁的四个阶段中，国家有三种“在场”的形态：支配型、悬浮—规训型、支持型，表征国家力量的存在与村庄转型的关联（见图6-1）。

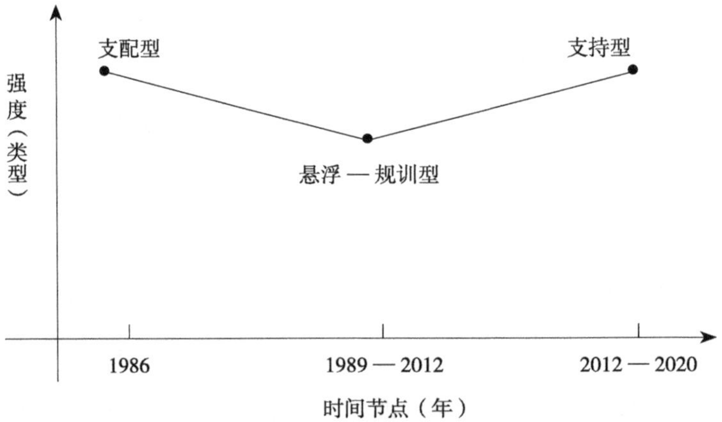

图6-1　国家“在场”形态

在“支配型”阶段，国家通过D铝厂自上而下进入窑村场域，通过征地将村庄卷入工业化、市场化、现代化的变迁流中，村庄对于征地的主体性表达空间不大，国家与地方（村庄）的关系是政令意义上的，因此“支配性”显著。

在“悬浮 — 规训型”阶段，即1989年至2012年，国家对于窑村而言处于“悬浮 — 规训”状态，其政策、法规是通过Q镇政府和村委会得以实施的。基层政府的变通策略助推了村庄多种矿产经济形式的存在。其中，2008年至2012年，国家进一步加强矿产资源管理和环境整治，以制度化、任务型推进村庄矿业的“退场”。国家的强在场一方面杜绝了非制度化、非正常的工业化市场经济现象，另一方面以规范化治理了矿场经济的乱象。

在“支持型”阶段，国家通过大量的惠农、支农政策鼓励引导村民走上健康的市场化道路。2012年至2017年，窑村人积极投身农业种植、养殖业和小商业，很多都是基于国家对农村转型发展的支持政策。而2017年乡村振兴战略实施以来，乡村的重要性越来越凸显，当地政府基于村庄生态环境作出搬迁入城的决策，同时为进城村民提供生活、就业等各个方面的配套支持，既推动了村庄城市化，也保证了村民的“土地”权益。

需要指出的是，以上三种“国家在场”形态的划分并不是绝对的，每个时间段都可能会有三种形态不同程度存在，但在村庄的转型变迁中，国家始终“在场”。

（二）市场与村庄转型

20世纪80年代以来的中国经济转型是政府主导下的转型，市场往往与国家“同时”出现，国家的在场意即市场的在场，而且，从计划经济向市场经济体制转轨的过程是凸显市场自主性的过程。按照市场的特性，其嗅觉必然遍布各地，市场是囊括原材料、生产、加工、运输、销售等元素的组合，其潜意识会无形中根据需要寻找、协调、调动各方资源，进而达成经济学意义上的交易。窑村蕴涵丰富的铝矿石资源，正是基于此被D铝厂征地，从而引发了系列变化乃至转型。围绕矿产资源展开的集体性工业化实践、个体市场化实践都是市场引导的结果，是市场对矿产资源的原料需求不同程度调动了窑村人以矿产为生的生计选择。市场通过无形的、有形的方式支配村庄社会，勾连了村域与外界的联络，达成了村庄向市场社会的转型。同时，当这种路径被村民熟稔掌握后，市场便嵌入村庄社会，成为其重要组成部分，进而影响村庄后续的发展和再转型。从这个意义上看，市场在村庄转型中具有不可替代的承接功效，而矿产资源仅仅是吸引市场进入村庄的一个引子。

按照市场在窑村转型实践中的影响力，可以将其分为弱影响、强影响和持续性影响三个阶段（见图6-2）。

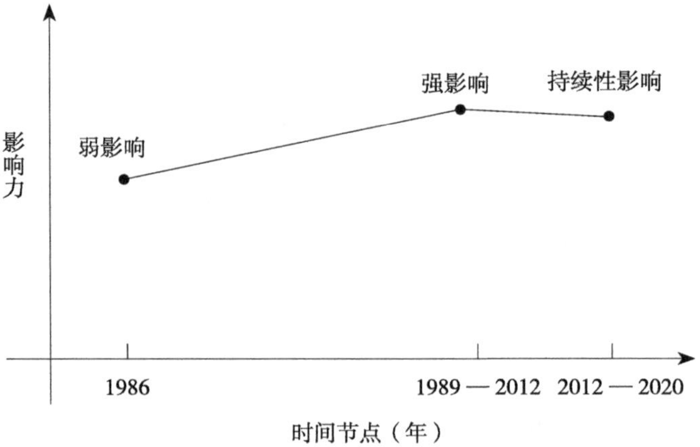

图6-2　市场对窑村转型的影响力

在弱影响阶段，窑村更多是传统意义上的村庄，土地是其生计的最大倚仗，1986年的征地并没有显著地将市场的概念、运作方式传递给村庄。村民对于市场的理解和认识更多是基于传统集市的概念，而非对工业化市场的认知，因此，市场对于村庄的影响力是较为微弱的。

在强影响阶段，窑村开始围绕矿产资源进行工业化、市场化实践，集体的探索和个体的实践都说明市场的影响力在提升。尽管村民对于市场没有清晰化的概念，但其实践行动皆体现出市场行为，他们的原材料挖掘（矿产资源开发）、运输、加工、买卖等等的系列化、标准化操作都昭示着他们深谙市场之道，因此，这个阶段市场对村庄的影响力是强大的。

在持续性影响阶段，村民在近三十年的工业化市场实践中获得了认识市场的能力、解读国家政策的能力和顺应市场潮流的能力，市场对其的影响是持续的，即，已经内化到村民的自我认知世界中。

实际上，伴随市场影响力的深入，村庄的转型也发生了质的变化，村民主体逐渐打破传统意义上的“土地”农业逻辑，经过“矿产”工业化逻辑的训练，达成了对市场逻辑的适应和再应用，这个过程也是村庄变迁转型的动力所在。

（三）村庄与村庄转型

通过深描窑村三十多年变迁转型之路，不难发现，国家、市场等外部力量推动村庄转型的过程，同时也是村庄主体性自我选择、自我实践的过程。如果说，征地是村庄被卷入现代性转型之路的开始，那么，在之后村庄的“矿村”“农村”和“城村”不同时期，村庄主体性不断强大并主动参与了转型。

按照村庄（村民）主体性转型张力，可以将其分为被动、弱主动和强主动三个阶段（见图6–3）。

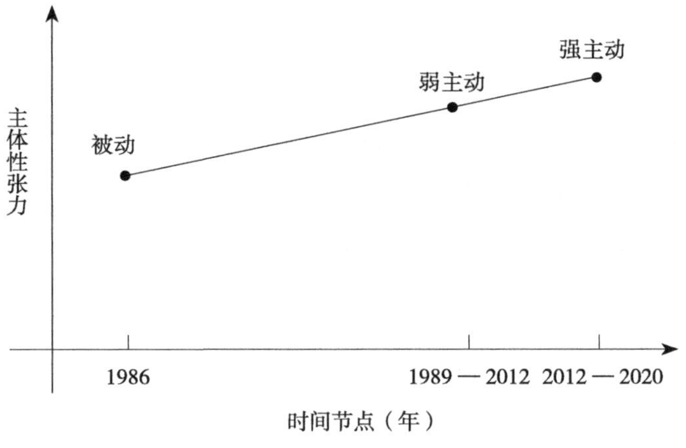

图6–3　村民主体性转型张力

在被动阶段，村庄（村民）转型的主体能动性不强，主要体现为通过征地卷入市场化“洪流”之中，较少参与市场的主体化实践。

在弱主动阶段，村庄（村民）通过集体办厂以及个体自营性经济、依附性经济和“地下经济”的过程性实践，不断提高市场化、现代化的主体性参与度。由于以矿产资源呈展的生计方式属于单一型，且村民对市场的认知没有一个明晰的概念，故我们把这个这阶段称为“弱主动”阶段。

在强主动阶段，经过矿产经济“熏陶”的村民已经具备了将矿场经济市场逻辑应用扩大到其他领域的能力，积极参与现代化、市场化转型的主动性更强了。无论是在“农村”时期还是在“城村”时期，他们都能够较为理性地分析所处情境，变被动为主动，在不同空间中游刃有余。

（四）内外合力下的村庄转型

村庄转型是村庄从一种形态到另一种形态的质变，既有经济形态的变化，也有社会文化方面的变迁，是总体性变化。本书着重围绕矿产资源而呈现窑村经济方式的变迁，意图将其置于国家与市场甚至大社会的场域中，在现代化、市场化、工业化的大环境下解读村庄逐步实现市场化、现代化的进程。研究发现，矿产资源作为工业化生产必备的原材料，在窑村转型中发挥了不可替代的媒介作用，凭借矿产资源，窑村获得了国家、市场的“青睐”，经历从被卷入、被支配到主体性互融再到外界要素（市场、现代性）内化到村民主体意识世界之中几个阶段，在历史的演绎中，村庄一步一步实现了“转型”。这种转型是国家、市场、社会与村庄主体不断建构、互构的结果，是乡土社会与现代市场社会碰撞互通的结果。在这个过程中，村民从依托乡土社会规则到学习市场能力、现代化场景营造，逐步改变了传统的“土地”生存逻辑，一定程度上实现了城市化、城镇化的“化学”之路。整个过程囊括国家、市场、大社会与村庄的博弈。当国家以“支配型”在场时，市场对村庄的影响力往往较为微弱，村民的主体性不强；当国家以“悬浮 — 规训型”在场时，市场对村庄的影响力较强，村民的主体性实践能力获得不断彰显；当国家以“支持型”在场时，市场的影响力获得强力提升，村民的主体性凸显。具体参见图6–4。

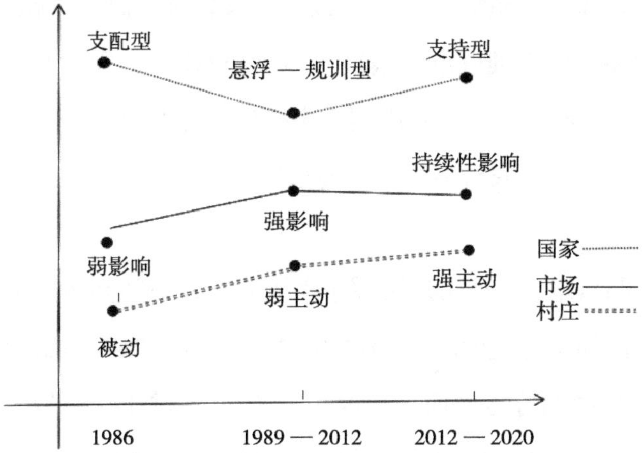

图6-4　国家、市场与村庄转型

第二节　乡土性与现代性的耦合：新村庄转型

党的十九大报告明确提出实施乡村振兴战略，按照产业兴旺、生态宜居、乡风文明、治理有效、生活富裕的总要求，推进乡村在治理、结构、文化、产业、城乡一体化、农业现代化等方面的协调稳步发展。2018年全国“两会”期间，习近平总书记在参加山东代表团审议时，就如何实施好乡村振兴战略提出“五个振兴”，指出要从产业振兴、人才振兴、文化振兴、生态振兴、组织振兴五个方面有序推进；同时强调“要推动乡村振兴健康有序进行，科学把握各地差异和特点，不搞一刀切，不搞统一模式，不搞层层加码，杜绝‘形象工程’”。随后，中共中央、国务院印发了《乡村振兴战略规划（2018 — 2022年）》，详细论述了乡村振兴战略的意义、目标、原则和具体实施路径，特别提出“顺应村庄发展规律和演变趋势，根据不同村庄发展现状、区位条件、资源禀赋等，按照集聚提升、融入城镇、特色保护、搬迁撤并的思路，分类推进乡村振兴，不搞一刀切”。无论是总书记的“三不一杜”，还是《乡村振兴战略规划》中提出的振兴路径，都高度契合我国当下乡村实际，为推动农村新的社会转型以及城乡一体化协同发展提供了重要指引。

“中国幅员辽阔，二元社会的特征比较明显，地区间差异很大。与城市相比，农村地区间差异更大。”[①] 不同区域如东部、中部、西部因自然禀赋、环境要素、外界影响等差异而形成改革开放40年村庄在转型变迁速度、广度、深度等方面的异质化，在同一区域内部的农村也因文化惯习、生计习俗、民间信仰等区别而导致变迁转型的差异化。这些转型现状或转型后村落的社会事实构成了实施乡村振兴战略的起点和基础，一方面要吸纳前一阶段转型造成的社会心理等各类效应；另一方面要挖掘新的发展增长点，达成乡村自然、人文、生态、社会的全面和谐发展。

作为资源型村庄，窑村围绕矿产资源展开的转型主要是由经济变迁引发的村庄社会变迁过程，即“以土为生”的生计方式向“以矿为生”的生计方式的转型。“土地”的生计形塑了村民的“乡土性”气息，即费孝通先生所讲的：“种地的人搬不动地，长在土里的庄稼行动不得，伺候庄稼的老农也因此像是半身插入了土里，土气是因为不流动而发生的。”[②] 在这种“生于斯、死于斯”的社会中，血缘、地缘、亲缘、民间信仰、村规民约等组成的差序格局社会网络规训着村庄日常生产生活。而“矿产”的生计方式因连接着工业，一开始就内含工业市场以及现代化的逻辑。经历过小矿产经济“熏陶”的窑村人，自然会浸染现代性、市场化的因子。长期的矿产经济实践不

① 郑杭生：《当代中国农村社会转型的实证研究》，北京：中国人民大学出版社，1996年，第346页。

② 费孝通：《乡土中国》，北京：北京大学出版社，2012年，第11页。

仅为他们带来相对充裕的经济收入，还使其渐渐适应市场经济的规则并变得游刃有余，实现了身份的改变和空间的位移，表面上完成了城市化或现代化的转型；但透过转型后村庄镜像可以发现，这种转型并不完全。矿产退场后，无论选择何种生计方式，土地依旧是村民的底线依赖，原先基于祖先信仰和村规民约构建的“共同体”结构虽然被现代性部分消融，但对于村民而言，“只要土地还在，就有安全感”，从这意义上讲，窑村进入了一种既有乡村性特质又有现代性特性的混合状态，意即乡土性与现代性的耦合状。

事实上，乡土性与现代性的耦合恰是一种新的社会转型。“作为一种新的社会转型”[①]，乡村振兴意义上的转型“依然沿着现代化轨迹前行，社会经济变迁从原先的二分或者三分状态转变为融合、边界重组的状态，不再是非此即彼，而是彼此融合形成新状态、新样式和新机制的变迁方式。在新社会新转型期，传统与现代、农村与城市、一二三产业、区域边界等等不再是那么迥然分明，而是趋于模糊、融合并产生新样态”[②]。换句话讲，乡村现代性的增强并不意味着乡土性的必然退场，农村的现代化并不等同于空间位移上的城市化。窑村三十多年变迁转型历史告诉我们，村庄的乡土性并没有随着市场化实践和城市化空间再造而消退，反而迎来了新的生命力。从传统性到现代性不是断裂式突变，而是一个有机连续且彼此互动的过程。现在的窑村既继承了村庄共同体中的一部分要素，也新生出与市场相关的要素（源于矿产经济的知识经验收获等），这些要素最终重新组合，并在跨界村庄社区发展中发挥重要功能。窑村转型的主要特征是将村庄共同体内在的优势保存唤醒（例如地缘、血缘的社会情感纽带等），同时将市场体系中的现代性因素（市场交易与合作等）嵌入到乡村社会中，两者优势叠加，兼具“乡土”和

① 王春光：《新社会转型视角：对乡村振兴的解读》，《学海》2021年第5期。

② 王春光：《新社会转型视角：对乡村振兴的解读》，《学海》2021年第5期。

“现代”二重属性。尤其是从2012年开始，由“矿村”到“农村”再到“城村”的转变过程，“乡土”与“现代”双重性的互相渗透不仅完美诠释了传统村庄的开放性和闭合性，而且为新的社会转型——土地复垦之后的“城乡两栖”生活及多种产业形式提供了新的价值引领。

对窑村个案“片面性深刻”的描述与阐释，目的在于在过程中还原、呈现事件“历史”的同时，找出村庄再转型的原点。窑村的个案在某些方面能够代表资源型地区的一些情况，只有厘清前一阶段转型的发生机理，才能有的放矢，分类型、分情况制订实践方略。乡村振兴战略的落脚点应该是村庄主体适切的健康的转型，村庄今后的重塑和续写势必要权衡考虑如何在有效吸纳乡村社会心理变迁绩效的同时，又能化解其所造成的负面效应，即在传统与现代共存的空间中，规避“转型内卷化”（有转型无发展），实现村庄真正意义上的自我转型和乡村振兴。

参考文献

（一）著作类

[1]埃米尔·涂尔干:《社会分工论》，渠东译，北京：生活·读书·新知三联书店，2013年。

[2]安东尼·吉登斯:《社会的构成——结构化理论纲要》，李康、李猛译，北京：中国人民大学出版社，2016年。

[3]布·马林诺斯基:《特罗布里恩德群岛的阴历和季节历》，《皇家人类学会杂事》，第57卷，转引自：费孝通:《江村经济》，上海：上海人民出版社，2006年。

[4]彼得·M. 布劳:《社会生活中的交换与权力》，李国武译，北京：商务印书馆，2013年。

[5]陈庆德、潘春梅、郑宇:《经济人类学》，北京：人民出版社，2012年。

[6]曹锦清:《黄河边的中国（上下）》，上海：上海文艺出版社，2013年。

[7]狄金华:《被困的治理：河镇的复合治理与农户策略（1980-2009）》，北京：生活·读书·新知三联书店，2015年。

[8]董江爱:《三晋政治：公共财产治理中的村民参与》，北京：中国社会科学出版社，2010年。

[9]杜赞奇：《文化、权力与国家：1900-1942的华北农村》，王福明译，南京：江苏人民出版社，2003年。

[10] E.P.汤普森：《英国工人阶级的形成》（上），钱乘旦等译，南京：译林出版社，2001年。

[11]斐迪南·滕尼斯著：《共同体和社会》，林荣远译，北京：商务印书馆，1999年。

[12]费孝通：《乡土中国》，北京：北京大学出版社，2012年。

[13]费孝通：《江村经济》，上海：上海人民出版社，2006年。

[14]费孝通：《中国城乡发展的道路》，上海：上海人民出版社，2016年。

[15]符平：《市场的社会逻辑》，上海：上海三联书店，2013年。

[16]H·孟德拉斯：《农民的终结》，李培林译，北京：中国社会科学出版社，1991年。

[17]贺雪峰：《新乡土中国》，北京：北京大学出版社，2013年。

[18]侯钧生：《西方社会学理论教程》，天津：南开大学出版社，2001年。

[19]黄平、王晓毅：《公共性的重建：社区建设的实践与思考》，北京：社会科学文献出版社，2011年。

[20]黄树民：《林村的故事：1949年后的中国农村变革》，素兰、纳日碧力戈译，北京：生活·读书·新知三联书店，2002年。

[21]黄志辉：《无相支配：代耕农及其底层世界》，北京：社会科学文献出版社，2013年。

[22]黄宗智：《华北的小农经济与社会变迁》，北京：中华书局，1986年；[23]黄宗智：《长江三角洲小农家庭与乡村发展》，北京：中华书局，1992年。

[24]J.米格代尔:《农民、政治与革命》，李玉琪、袁宁译，北京：中央编译出版社，1996年。

[25]金耀基:《从传统到现代》，北京：中国人民大学出版社，1999年。

[26]卡尔·波兰尼:《巨变：当代政治与经济的起源》，黄树民译，北京：社会科学文献出版社，2013年。

[27]克利福德·格尔茨:《文化的解释》，韩莉译，南京：译林出版社，2014年。

[25]陆学艺、景天魁:《转型中的中国社会》，哈尔滨：黑龙江人民出版社，1994年。

[26]李连江、欧博文:《当代中国农民的依法抗争》[M]，载吴毅（主编）:《乡村中国评论》第3辑，济南：山东人民出版社，2008年。

[27]李丹:《理解农民中国：社会科学哲学的案例研究》，张天虹、张洪云、张胜波译，南京：江苏人民出版社，2009年。

[28]李怀印:《华北村治——晚清和民国时期的国家与乡村》，岁有生、王士皓译，北京：中华书局，2008年。

[29]李利宏:《煤矿产权结构与资源型村庄治理》，北京：中国社会科学出版社，2016年。

[30]李培林:《村落的终结——羊城村的故事》，北京：商务印书馆，2004年。

[31]林耀华:《金翼：一个中国家族的史记》，北京：生活·读书·新知三联书店，2015年。

[32]林耀华:《义序的宗族研究》，北京：生活·读书·新知三联书店，2000年。

[33]罗伯特·芮德菲尔德:《农民社会与文化：人类学对文明的一种诠释》，王莹译，北京：中国社会科学出版社，2013年。

[34]毛丹:《村庄大转型：浙江乡村社会的发育》，杭州：浙江大学出版社，2008年。

[35]马若孟:《中国农民经济：河北和山东的农业发展（1890-1949）》，史建云译，南京：江苏人民出版社，1999年。

[36]牟宗三:《牟宗三集》，北京：群言出版社，1993年。

[37]欧阳静:《策略主义——桔镇运作的逻辑》，北京：中国政法大学出版社，2011年。

[38]潘维:《农民与市场——中国基层政权与乡镇企业》，北京：商务印书馆，2003年。

[39]彭慕兰:《腹地的构建：华北内地的国家、社会和经济（1853-1937）》，北京：社会科学文献出版社，2005年。

[40]钱理群:《乡土中国与乡村教育》，福州：福建教育出版社，2008年。

[41]清华大学社会学系主编:《清华社会学评论特辑》，厦门：鹭江出版社，2000年。

[42]荣敬本、崔之元等:《从压力型体制向民主合作体制的转变：市乡两级政治体制改革》，北京：中央编译出版社，1998年。

[43]孙立平:《转型与断裂——改革以来中国社会结构的变迁》，北京：清华大学出版社，2004年。

[44]施坚雅:《中国农村的市场和社会结构》，史建云、徐秀丽译，北京：中国社会科学出版社，1998年。

[45]谭同学:《桥村有道：转型乡村的道德权力与社会结构》，北京：生活·读书·新知三联书店，2010年。

[46]瓦尔特·本雅明:《巴黎，19世纪的首都》，刘北成译，北京：商务印书馆，2013年。

[47] 王铭铭：《社区的历程：溪村汉人家族的个案研究》，天津：天津人民出版社 1997 年。

[48] 沃尔夫冈·查普夫：《现代化与社会转型》，陆宏成、陈黎译，北京：社会科学文献出版社，1998 年。

[49] 吴毅：《小镇喧嚣——一个乡镇政治研究的演绎与阐释》，北京：生活·读书·新知三联书店，2007 年。

[50] 乌尔里希·贝克：《风险社会》，何博闻译，南京：译林出版社，2004 年。

[51] 谢立中：《西方社会学名著提要》，南昌：江西人民出版社，2007 年。

[52] 西奥多·W.舒尔茨：《改造传统农业》，梁小民译，北京：商务印书馆，2016 年。

[53] 项飚：《跨越边界的社区：北京"浙江村"的生活史》，北京：生活·读书·新知三联书店，2000 年。

[54] 萧楼：《夏村社会：中国"江南"农村的日常生活和社会结构（1976-2006）》，北京：生活·读书·新知三联书店，2010 年。

[55]《新华汉语词典（最新修订版）》，商务印书馆国际有限公司，2014 年。

[56] 应星：《大河移民上访的故事》，北京：生活·读书·新知三联书店，2001 年。

[57] 应星：《村庄审判史中的道德与政治——1951-1976 年中国西南一个山村的故事》，北京：知识产权出版社，2009 年。

[58] 应星：《"气"与抗争政治：当代中国乡村社会稳定问题研究》，北京：社会科学文献出版社，2016 年。

[59] 应星：《农户、集体与国家——国家与农民关系的六十年变迁》，

北京：中国社会科学出版社，2014年。

[60]阎云翔：《礼物的流动》，李放春、刘瑜译，上海：上海人民出版社，2017年。

[61]阎云翔：《私人生活的变革》，龚小夏译，上海：上海书店出版社，2006年。

[62]杨懋春：《一个中国村庄：山东台头》，张雄、沈炜、秦美珠译，南京：江苏人民出版社，2001年。

[63]伊亚尔，塞勒尼，汤斯利：《无须资本家打造资本主义》，吕鹏、吕佳龄译，北京：社会科学文献出版社，2008年。

[64]詹姆斯·C.斯科特：《弱者的武器》，郑广怀、张敏、何江穗译，南京：译林出版社，2011年。

[65]詹姆斯·C.斯科特：《农民的道义经济学：东南亚的反叛与生存》，程立显、刘建等译，南京：译林出版社，2013年。

[66]詹姆斯·C.斯科特：《国家的视角：那些试图改善人类状况的项目是如何失败的》，王晓毅译，北京：社会科学文献出版社，2017年。

[67]张静：《基层政权：乡村制度诸问题》，杭州：浙江人民出版社，2000年。

[68]张琢、马福云：《发展社会学》，北京：中国社会科学出版社，2011年。

[69]张复明：《资源型经济与转型发展研究》，北京：经济科学出版社，2011年。

[70]赵康杰：《资源型地区农村可持续发展的制度创新研究》，北京：中国财政经济出版社，2014年。

[71]折晓叶、艾云：《城乡关系演变的制度逻辑和实践过程》，北京：中国社会科学出版社，2014年。

[72]折晓叶：《村庄的再造——一个“超级村庄”的社会变迁》，北京：中国社会科学出版社，1997年。

[73]郑杭生：《当代中国农村社会转型的实证研究》，北京：中国人民大学出版社，1996年。

[74]郑杭生：《社会学概论新编》，北京：中国人民大学出版社，2013年。

[75]周其仁：《城乡中国》，北京：中信出版社，2017年。

[76]周怡：《当代中国乡村社会的代文化特征——一份来自昆山周庄与北京“浙江村”的调查报告》，转引自：贾德裕、朱兴农、郗同福主编：《现代化进程中的中国农民》，南京：南京大学出版社，1998年。

[77]翟学伟：《人情、面子与权力的再生产》，北京：北京大学出版社，2013年。

[78]Bourdieu，Pierre，*Outline of a Theory of Practice.Cambridge*，England：Cambridge University Press，1977.

[79]C.A .Chan，R .Madsen &J.Unger，*Chen Village*：*the Recent History of a Peasant Communist in Mao' s China* .Berkeley ：University of California Press，1984.

[80]C.K.Yang，*The Chinese Family in the Communist Revolution*，Boston：Harvard University Press，1959.

[81]Hobsbawm，E.J，*Primitive Rebels*，Manchester：Manchester University Press，1959.

[82]Kevin J.O ，Brien and Lianjiang Li，*Rightful Resistance in Rural China*，New York：Cambridge University Press，2006.

[83] Liu Xin，*In One's Own Shadow*：*An Ethnographic Account of Post -reform Rural China*，C.A.：The University of California Press，2000.

（二）论文类

[1]白明英：《资源型区域农村工业化实施战略案例分析——以山西省晋城市为例》，《山西大学师范学院学报》1999年第2期。

[2]陈晶环：《农村公共空间的转型研究——以华北山区宋村为例》，中国农业大学博士学位论文，2014年。

[3]陈世伟：《地权变动、村界流动与治理转型——土地流转背景下的乡村治理研究》，《求实》2011年第4期。

[4]陈涛、谢家彪：《混合型抗争——当前农民环境抗争的一个解释框架》，《社会学研究》2016年第3期。

[5]丁宝寅：《资源能带来发展吗？——对华北某村庄发展变迁的考察》，中国农业大学博士学位论文，2014年。

[6]董海军：《"作为武器的弱者身份"：农民维权抗争的底层政治》，《社会》2008年第4期。

[7]董海军：《依势博弈：基层社会维权行为的新解释框架》，《社会》2010年第5期。

[8]董江爱，崔培兵：《村治中的政治博弈与利益整合——资源型农村选举纠纷的博弈分析》，《中国农村观察》2010年第2期。

[9]董江爱、霍小霞：《矿权与乡村治理》，《社会主义研究》2012年第4期。

[10]董江爱、李利宏：《资源型地区城乡一体化模式探索——山西乡宁市一矿一业一事活动的调查与思考》，《城市发展研究》2010年第3期。

[10]董江爱、李利宏：《资源型农村的治理困境及其出路分析》，《中国行政管理》2013年第1期。

[11]董江爱、徐朝卫：《基于煤矿资源的利益博弈和策略选择——山西煤矿开采与经营中的政企关系研究》，《中国行政管理》2015年第2期。

[12]董江爱：王铁梅：《煤矿产权与农村政治——基于煤矿资源的农村公共权力分析》，《政治学研究》2011年第6期。

[13]杜靖：《作为概念的村庄与村庄的概念——汉人村庄研究述评》，《民族研究》2011年第2期。

[14]郭于华：《"道义经济"还是"理性小农——重读农民学经典论题"》，《读书》2002年第5期。

[15]郭于华：《转型社会学的新议程——孙立平"社会断裂三部曲"的社会学书评》，《社会学研究》2006年第6期。

[16]贺雪峰：《村庄共同体》，2002年，转引自：李培林：《村落的终结——羊城村的故事》，北京：商务印书馆，2004年。

[17]贺雪峰：《论半熟人社会—理解村委会选举的一个视角》，《政治学研究》2000年第3期。

[18]侯婧、左停：《生计过程中的农民行动逻辑》，《青海民族研究》2016年第3期。

[19]奂平清：《华北乡村集市变迁与社会结构转型——以定州的实地研究为例》，中国人民大学博士学位论文，2005年。

[20]简小鹰、谢小芹：《"过日子"与农民的生活逻辑——基于江汉平原L村的经验考察》，《长白学刊》2016年第1期。

[21]焦长权：《政权"悬浮"与市场"困局"：一种农民上访行为的解释框架——基于鄂中G镇农民农田水利上访行为的分析》，《开放时代》2010年第6期。

[22]雷龙乾：《马克思主义社会转型理论》，北京大学博士学位论文，2000年。

[23]李晨璐、赵旭东：《群体性事件的原始抵抗——以浙东海村环境抗争事件为例》，《社会》2012年第5期。

[24]李金:《中国社会分层秩序在市场化过程中的变化：去身份化与再身份化》,《学习与实践》2006年第11期。

[25]李利宏、董江爱:《煤矿集体产权下的村庄精英治理——基于山西X村的个案研究》,《山西大学学报（哲学社会科学版）》2012年第5期。

[26]李路路:《社会资本与私营企业家——中国社会结构转型的特殊动力》,《社会学研究》1995年第6期。

[27]李培林:《另一只看不见的手：社会结构转型》,《中国社会科学》1992年第5期。

[28]李培林:《社会结构转型理论研究》,《哲学动态》1995年第2期。

[29]李小:《新型城中村转型研究——以青岛市城阳区小北曲社区为例》，山东大学硕士学位论文，2013年。

[30]李勇华:《乡村治理与村民自治的双重转型》,《浙江社会科学》2015年第12期。

[31]刘朝晖:《村落社会研究与民族志方法》,《民族研究》2005年第3期。

[32]刘芳:《社会转型期的孝道与乡村秩序——以鲁西南的H村为例》，上海大学博士学位论文，2013年。

[33]刘燕、万欣荣:《中国社会转型的表现、特点与缺陷》,《社会主义研究》2011年第4期。

[34]刘祖云:《当代中国社会转型特征再探讨》,《武汉大学学报（人文科学版）》2002年第6期。

[35]刘祖云:《社会转型：一种特定的社会发展过程》,《华中师范大学学报（哲学社会科学版）》1997年第6期。

[36]罗亚娟:《依情理抗争：农民抗争行为的乡土性——基于苏北若干村庄农民环境抗争的经验研究》,《南京农业大学学报（社会科学版）》2013

年第2期。

[37]吕鹏:《"新古典社会学"的宏图与迷思——以多元转型绩效比较为切口的批判性综述》,《社会学研究》2012年第2期.

[38]毛丹、王萍:《英语学术界的乡村转型研究》,《社会学研究》2014年第1期。

[39]苗娜妮:《资源型农村治理转型研究——以晋城市X村为例》,山西大学硕士学位论文,2014年。

[40]庞景君:《社会转型的动力和标志》,《社会科学辑刊》1995年第4期。

[41]庞娟:《转型期资源型村落的现状及转型路径——以H村为例》,《学理论》2014年第3期。

[42]邱泽奇、邵敬:《乡村社会秩序的新格局:三秩并行——以某地"乡土人才职称评定"为例》,《国家行政学院学报》2015年第5期。

[43]饶静、叶敬忠、谭思:《"要挟型上访":底层政治逻辑下的农民上访分析框架》,《中国农村观察》2011年第3期。

[44]饶旭鹏:《中国农村社会结构演变的历程——从"乡土社会"到"新乡土社会"》,《开发研究》2012年第5期。

[45]申端锋:《乡村治权与分类管理:农民上访研究的范式转换》,《开放时代》2010年第6期。

[46]宋珏:《资源型农村转型发展的路径分析——以晋城市皇城村为例》,山西大学硕士学位论文,2013年。

[47]宋林飞:《中国社会转型的趋势、代价及其度量》,《江苏社会科学》2002年第6期。

[48]孙立平、王汉生等:《改革以来中国社会结构的变迁》,《中国社会科学》1994年第2期。

[49]孙立平:《迈向实践的社会学》,《江海学刊》2002年第3期。

[50]孙立平:《社会转型：发展社会学的新议题》,《社会学研究》2005年第1期。

[51]孙立平:《实践社会学与市场转型过程分析》,《中国社会科学》2002年第5期。

[52]谭同学:《从伦理本位迈向核心家庭本位——论当代中国乡村社会结构的文化特征》,《思想战线》2013年第1期。

[53]谭同学:《乡村社会转型中的道德、权力与社会结构——迈向“核心家庭本位”的桥村》，华中科技大学博士学位论文，2007年。

[54]唐魁玉:《关于建立“中国转型社会学”学科的设想——兼评90年代中国社会转型研究》,《中国矿业大学学报（社会科学版）》2000年第3期。

[55]田鹏:《地域社会学视角下的乡村都市化与村落转型》,《华南农业大学学报（社会科学版）》2016年第4期。

[56]田先红:《从维权到谋利——农民上访行为逻辑变迁的一个解释框架》,《开放时代》2010年第6期。

[57]王冰:《英、法农村与中国农村社会转型比较研究》,《贵州社会科学》2007年第2期。

[58]王帆宇:《社会转型_结构性特征及其在当代中国的表现》,《广东社会科学》2014年第2期。

[59]王洪伟:《当代中国底层社会“以身抗争”的效度和限度分析——一个“艾滋村民”抗争维权的启示》,《社会》2010年第2期。

[60]王景新:《村域经济转型发展态势与中国经验》,《中国农村经济》2011年第12期。

[61]王露璐:《转型期中国乡村伦理共同体的式微与重建——从滕尼斯

的“共同体”概念谈起》,《“第二届中国伦理学青年论坛”暨“首届中国伦理学十大杰出青年学者颁奖大会”论文集》，2012年6月。

[62]王萍:《村庄转型的动力机制与路径选择》，浙江大学博士学位论文，2013年。

[63]王晓毅:《资源独享的村庄集体经济》,《北京行政学院学报》1999年第3期。

[64]王跃生:《制度变革、社会转型与中国家庭变动——以农村经验为基础的分析》,《开放时代》2009年第3期。

[65]文军、童星:《论人类社会发展与三次社会转型》,《湖南社会科学》2001年第1期。

[66]文军、王谦:《从发展社会学到转型社会学：发展研究学科范式的新探索》,《江海学刊》2007年第1期。

[67]文军、王谦:《在反思中前行：西方发展社会学理论的新进展》,《江海学刊》2016年第1期。

[68]文军:《“被市民化”及其问题——对城郊农民市民化的再反思》,《华东师范大学学报（哲学社会科学版）》2012年第4期。

[68]文军:《从生存理性到社会理性选择：当代中国农民外出就业动因的社会学分析》,《社会学研究》2001年第6期。

[69]文军:《论农民市民化的动因及其支持系统——以上海市郊区为例》,《华东师范大学学报（哲学社会科学版）》2006年第4期。

[70] 文军、吴越菲:《流失“村民”的村落：传统村落的转型及其乡村行反思——基于15个典型村落的经验研究》,《社会学研究》2017年第4期。

[71]吴毅:《“权力——利益的结构之网”与农民群体性利益的表达困境——对一起石场纠纷案例的分析》,《社会学研究》2007年第5期。

[72] 吴忠民：《20世纪中国社会转型的基本特征分析》，《学海》2003年第3期。

[73] 吴重庆：《无主体熟人社会》，《开放时代》2002年第1期。

[74] 项继权：《中国农村社区及共同体的转型与重建》，《华中师范大学学报（人文社会科学版）》2009年第3期。

[75] 徐家林：《社会转型理论的范式构建》，《探索与争鸣》2008年第12期。

[76] 徐黎丽、朱壁莹：《石油资源枯竭后的村庄生计转型研究——以长庆油田所在地甘肃省XXX市XXX村为例》，《地域文化研究》2017年第1期。

[77] 徐勇：《农民理性的扩张："中国奇迹"的创造主体分析》，《中国社会科学》2010年第1期。

[78] 杨瑞玲：《结构乡村：共同体的脱嵌、超越与再造》，中国农业大学博士学位论，2015年。

[79] 杨善华、苏红：《从"代理型政权经营者"到"谋利型政权经营者"》，《社会学研究》2002年第1期。

[80] 杨善华：侯红蕊：《血缘、姻缘、亲情与利益——现阶段中国农村社会中的"差序格局"的"理性化趋势"》，《宁夏社会科学》1999年第6期。

[81] 杨晓颖：《资源型农村转型发展模式研究——以山西省X市梧桐镇为例》，山西农业大学硕士学位论文，2016年。

[82] 应星：《"气"与中国乡村集体行动的再生产》，《开放时代》2007年第6期；应星：《"气场"与群体性事件的发生机制——两个个案的比较》，《社会学研究》2009年第6期。

[83] 应星：《草根动员与农民群体利益的表达机制——四个个案的比较研究》，《社会学研究》2007年第2期。

[84] 于建嵘：《当代农民维权抗争活动的一个解释框架》，《社会学研

究》2004年第2期。

[85]袁方成、李增元:《农村社区自治: 村治制度继替与转型》,《华中师范大学学报(人文社会科学版)》2011年第1期。

[86]张丙乾、李小云、叶敬忠:《基于矿产资源开发的农村社区权力运作探析》,《社会科学辑刊》2007年第5期。

[87]张丙乾、李小云、叶敬忠:《加速的变迁: 农村社区中小铁矿开采的社会经济影响》,《区域经济》2007年第7期。

[88]张丙乾、李小云、叶敬忠:《正式制度的社区表达: 对农村社区中矿产资源权属的考察》,《农村现代化》2007年第9期。

[89]张丙乾:《权力与资源——农村社区开采小铁矿的社会学分析》,中国农业大学博士学位论文,2005年。

[90]张改枝:《资源型农村转型发展的困难和对策》,《山西财税》2015年第10期。

[91]张清津《转型期村庄的问题化变迁——基于专业分工的分析》,《东岳论丛》2013年第2期。

[92]张书维、王二平、周洁:《相对剥夺与相对满意: 群体性事件的动因分析》,《公共管理学报》2010年第3期。

[93]张秀婷:《山西农村社会的转型发展研究》,太原理工大学硕士学位论文,2012年。

[94]张雨林:《村庄的转型与现代化——江苏省太仓市马北村调查》,《社会学研究》1993年第2期。

[95]赵晓峰:《村级民主政治转型: 从汲取型民主到分配型民主——村治精英类型更替的视角》,《天津行政学院学报》2010年第5期。

[96]折晓叶:《村庄边界的多元化——经济边界开放与社会边界封闭的冲突与共生》,《中国社会科学》1996年第3期。

[97]折晓叶:《合作与非对抗性抵制——弱者的韧武器》,《社会学研究》2008年第3期。

[98]郑杭生、郭星华:《中国社会的转型与转型中的中国社会——关于当代中国社会变迁和社会主义现代化进程的基点思考》,《浙江学刊》1992年第4期。

[99]郑杭生、洪大用:《当前中国社会结构转型的主要内涵》,《社会学研究》1996年第1期。

[100]郑杭生:《社会转型论及其在中国的表现——中国特色社会学理论探索的梳理和回顾之二》,《广西民族学院学报（哲学社会科学版）》2003年第5期。

[101]周飞舟:《从汲取型政权到"悬浮型"政权——税费改革对国家与农民关系之影响》,《社会学研究》2006年第3期。

[102]周雪光:《基层政府间的"共谋现象"——一个政府行为的制度逻辑》,《社会学研究》2008年第6期。

[103]朱敏、王海明:《个体、社会与乡村社会转型——以个体化为视角》,《晋阳学刊》2009年第4期。

[104]Cohen，P.S，Theories of Myth.See Man，*New Series*，Volume4. Issue3. 1969.

[105]Farriss，N.M，Remembering the Future，Anticipating the Past：History，Time，and Cosmology among the Maya of Yucatan.*Comparative Studies in Society and History*.29（3），1987.

[106]Marsden，T，New Rural Territories：Regulating the Differentiated Rural Spaces. *Journal of Rural Studies*.1998，14（1）.

[107]Theodore W.Schultz.Nobel Lecture：The Economics of Being Poor. *The Journal of Political Economy*，Vol.88，No.4（Aug.，1980）.